新微商动销手册

大张阿姨 / 著 /

台海出版社

图书在版编目（CIP）数据

新微商动销手册 / 大张阿姨著．— 北京：台海出
版社，2018.8
　ISBN 978-7-5168-1976-0

　Ⅰ．①新… Ⅱ．①大… Ⅲ．①网络营销－手册 Ⅳ．
①F713.365.2-62

中国版本图书馆 CIP 数据核字（2018）第 145744 号

新微商动销手册

著　　者：大张阿姨	
责任编辑：俞滟荣　曹文静	装帧设计：万有文化
版式设计：万有文化	责任印制：蔡旭

出版发行：台海出版社

地　　址：北京市东城区景山东街 20 号　　　邮政编码：100009

电　　话：010 － 64041652（发行，邮购）

传　　真：010 － 84045799（总编室）

网　　址：www.taimeng.org.cn/thcbs/default.htm

E-m a i l：thcbs@126.com

经　　销：全国各地新华书店

印　　刷：天津盛辉印刷有限公司

本书如有破损、缺页、装订错误，请与本社联系调换

开　　本：880×1230	1/32
字　　数：132 千字	印　张：7.5
版　　次：2018 年 9 月第 1 版	印　次：2018 年 9 月第 1 次印刷
书　　号：ISBN 978-7-5168-1976-0	
定　　价：69.00 元	

动销是微商的生死线

文 / 李鲆

可能在很多人看来，微商这个行业好像谁都是轻轻松松躺在家里就能赚进大把钞票，事实上，真的是这样吗？

微信里曾经有一篇《朋友圈里的面膜都卖给了谁》的文章，点击量 100000+，被各大公众号转来转去，一时刷爆朋友圈。

文章大意就是指，朋友圈的面膜其实都囤积在了底层代理手中，真正赚钱的微商，只有顶层的百分之十。

确实，一开始微商通过招代理，做得异常火爆，但是招进大批代理后，没有多久，代理们又一批一批地"死掉"了。

为什么？

因为代理不会做零售，不知道怎么做动销。

微商火爆源于招代理，死于不会做零售。

如今至少 50% 的微商产品，都囤积在各级代理手里，能不能把产品真正卖给终端消费者，是微商的生死线！

无论是初级代理还是总代理，都会遇上手上有大把囤货，却无多少流动现金的情况。虽然囤货合计价值不菲，但是如果没办法把货卖出去，代理就会血本无归。

因此，归根结底，还是要把产品真正卖到消费者手上，代理才能赚到钱。

然而，"怎么才能把产品卖出去？"成了微商代理跨越生死线的一道门槛。

这个难题，本质上其实是动销问题，如今市面上多是有关动销理论的书籍，涉及微商动销实战操作的著作寥寥无几。

针对这个窘迫的现状，我们策划出版了《新微商动销手册》。

本书一共提出了 68 个微商动销方法，融合了行业现状、动销破局、构建终端绝对动销力、1357 复购法则、动销实操案例多个部分，真正地给方法、给思路、给话术，只要学习、消化、执行，相信代理们清空囤货将会变得不再艰难。

不用担心学不会，看不懂，与那些故作高深的动销理论不同，本书不会给你长篇大论地叙述动销概念，然后让你自己领会，而是给出实质的，可执行的动销方案，让你择优选用。

本书是微商界动销领域中非常具有说服力、实战性和技巧性的著作，作者大张阿姨是微商业界元老和行业顶尖操盘手，运营管理多个品牌，拥有 4 年微商行业实操经验。

本书是她个人成长经历和实战经验中对品牌动销的深度总结，为微商同行的伙伴们提供了一套系统的方法和大量罕见的技巧，极具实用性。

假设代理与消费者中间有一道极深的沟壑，联结代理和消费者的只有一条又一条细小的绳索，无法顺着绳索将产品卖到消费者手中的代理，就会摔入沟壑，再也爬不起来。

《新微商动销手册》就是为代理加粗了这条绳索，甚至是为代理架起了一座桥，这全看你个人学习和运用的能力了。我们的目的很简单，就是为了降低代理被手中囤货"压死"的风险，从根本上去帮助代理跨越这道生死线！

自序

破解动销原点，产品才能畅销

文 / 大张阿姨

微商起源于 2013 年的朋友圈代购，发展于 2014 年的层级代理模式，2015 年的微商平台化趋势使微商步入正规化。

无论是最初的好友模式，还是现在的代理模式和品牌模式，微商动销怎么做？这是围绕微商伙伴的一个大的话题。

自从我接触移动互联网，通过手机开始第一次收到钱的时候，我已经爱上了这种创业方式，这让我坚定了要在移动互联网领域创业。

微商，让很多小伙伴都有一个梦想，渴望能够自由自在地生活，自由自在地赚钱，大家选择了在微信这个简单的工具中开始做销售，但进来后发现一切并不是那么容易。

微商、小商人、微信中的小商人、移动互联网中的卖家、微信中的商家……不论怎么理解，社交平台要把产品卖出去，都要靠口碑传播，建造好口碑必须要有好服务，但很多小伙伴都会遇到一个困难，那就是把产品真正卖到消费者手上的寥寥无几。

微商一路走来，让我深切地感受到，现在至少 50% 的微商产品都囤积在各级代理手中，未来能不能把产品真正卖给终端消费者，是微商的生死线！

十多年的动销实践让我深刻体会到，只有找准了问题，并且采取真正的动销措施，产品才能畅销起来！这样的问题，我把它们称为动销原点问题。

在这一点，我要感谢史蒂夫·乔布斯。苹果手机的畅销让我从杰克·特劳特、阿尔·里斯、迈克尔·波特的理论研究中解脱出来，从书本和坐而论道的这个派别、那个派别中解脱出来，转而从动销实战中，直指人心，破解每一个产品畅销的真正原因，即消费者购买决策时，心智中一闪而过的 5 个动销原点问题："认知、需求、品类、品牌、价格"。

可以这么说，抓不住这 5 个原点问题，你的一切动作都是在迷雾中前行。

无论你的动作是大张旗鼓地冲锋，还是谨小慎微地爬行，你的资源一定会在模糊甚至错误的战略方向指引下，被浪费得干干净净！

不客气地说，95% 的人正处于这样的爬行状态，那剩下 5% 快速成长的人又是怎样的？他们就是乔布斯、马云这样的成功人士。

他们的成功一定不是偶然，一定是破解了动销原点问题之后，有条不紊、井然有序地往前推进的结果！

在这里无法与大家做深层次交流，我十多年的动销感悟和经验分享，都在这本书里，力求让每一章节都给你带来不一样的体会。

目录

第三章　　新微商的发展思路

第四章　　新微商运营的思路突破

第五章　　新微商动销的实操手册

目录

第六章　　　新微商手册总结

第一章

微商现状和特点分析

章节导读：现在的微商为什么越来越难做？究其原因，还是因为货卖不出去，产品都积压在代理手中，无法销售给终端消费者。

1.什么叫作微商

微商，是一种新兴的分销模式，主要依托类似微信这样的社交平台，它可以说是一种利用社交关系发展起来的新兴电商，相当于无中心的电商新形态。

如今，微商行业主要分成两种模式：第一种是利用微信公众号推广销售产品的微商，即 B2C 微商；第二种是在朋友圈开店的微商，即 C2C 微商。

简单来说，B2C 微商就是由包括厂商、供货商、品牌商等供应货物，集中在一个销售平台推广销售产品，比如，微信的移动商城、微店等。B2C 微商优势在于供应货物的一方，直接面向消费者，并且负责管理产品、发货与产品售后等服务。

C2C 微商，初期规模相对于 B2C 微商来说较小，是由微商代理对产品进行社交分享、熟人推荐与朋友圈展示等操作。

微商销售产品，主要就是以个人身份面向自己的朋友圈、社交圈等关系网为圆心，然后向外辐射。

与传统的电商、实体店相比，微商行业主要具有以下特点：

（1）入行门槛不高，初期成本投入低。

（2）微商十分依赖个人信用，可以说是一种信用经济。相较于传统的商品经济，微商的信用经济可信度更高。

（3）相较于传统电商、实体店，微商简化了管理。因为微商是以微信为媒介，进行产品销售，所以极大地节约了雇佣的人力成本，从而提高了利润与效益。

（4）微商与客户的联系更加密切，这既有利于微商行业自身的发展，又进一步地扩大了市场。

2. 微商发展历程

微商行业的崛起壮大，无论是对于零售业，还是对于传统电商来说，都是一个很大的冲击。

由于微商的爆发式发展，吸引了越来越多的人踏足微商行业，据微商生存状况调查报告，截止至 2017 年，微商从业者数量达到了 1000 多万。

微商行业现今仍然是以个人代理为主体，不过也有企业服务号的形式。

微商为什么会发展得如此之快，这个行业到底有什么魅力，吸引着人们争相进入？这背后一定是有原因的。

2011 年到 2014 年这段时间，是微商的初步发展时期。市场涌现出许多新生力量，他们共同创造了一个微商时代。

2015 年后，微商市场进入了一个"黄金时期"。微商逐渐发展为电商、实体之外的第三大渠道，一个全民微商的时代随之展开。

移动购物用户快速渗透为微商市场奠定基础

> 2015年中国移动网购用户已到达3.4亿，占移动网民比例超过半数。移动互联的快速发展催使移动网购用户的渗透速度高于PC端，移动网购用户的快速渗透为微商市场发展提供用户基础。

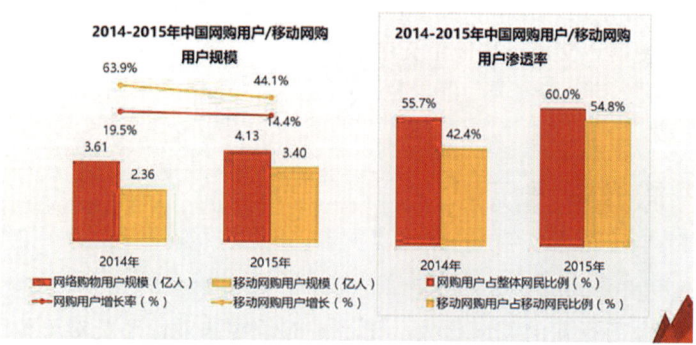

2018 年，微商行业呈现出了更多元化的形态。从初始的渠道市场，逐渐演变为全方位的动销拓展。由开拓市场阶段，全面转变为深耕市场阶段。

3. 微商具体特征

（1）微商销售方式方便快捷

微商主要借助移动互联网销售产品，这种销售方式非常方便快捷，而且微商还具有市场定位精准、目标客户准确、传播范围广、售货压力低、互动性强等优点。

微商商户利用闲暇时间，通过手机网络销售自己的产品，其营销方式可操作性强，十分便捷，且无成本负担。

（2）微商消费商的商业模式

每一个微商从业者，都是一个消费商，所谓消费商就是一种新的消费模式，主要指以消费者为经营对象的商人。

微商作为消费商的显著作用和特点，有以下几种：

第一，微商在省钱的同时，兼顾了赚钱，微商是这一机会的传播者，既带来了新型赢利模式，又给予了消费者购买产品的机会。

第二，微商行业形成了轻资产、低风险的新型商业模式，微商人不需要巨额投资，并且在销售产品过程中可以亲力亲为。

第三，微商在未来，或许会成为商品销售的主流方式，从而推动商业模式创新，由零和博弈的对手关系，变为伙伴经济。

第四，微商可以推动就业，微商既可以是第一职业，也可以是第二职业，孕妇、残疾人也可胜任。

第五，微商可以优化现今社会分配格局，微商行业相当于自主创业，多数人通过微商创业，增收致富，直接发挥了一次分配的作用。

第六，微商是现在一个蓬勃发展的新兴产业，从业者由分享经济中探索创新元素，利用共同协作的方式创业创新，拓展了我国分享经济的新领域、新业态，开辟了一条拉动经济增长的新路径。

（3）微商行业重视社群黏性

社群简单来说就是微信群，一般是微商先在朋友圈获得客户基础，然后借助微信、QQ等社交软件在社交平台上建立的圈子。

作用在于，微商对客户进行分层过滤后，积淀出忠诚度高的核心客户，并通过销售，社群成员共同认可，可体现成员情感寄托的商品，来推动微商社群持续发展。

社群形态的微商组织方式为，让兴趣爱好相似的用户进入同一社群。一般意见领袖或专业人士，在社群中更有发言权和影响力，便于营销商品。但是如果社群成员对之不感兴趣或表示反感，也可以选择屏蔽或退出社群。

微商以这种方式对潜在客户进行初步筛选，最后沉淀下来的客户通常具有较高忠诚度。

社群微商的优势在于，客户之间信任关系强，沟通成本很低。与在朋友圈刷屏的简单卖货模式相比，社群微商中的客户与产品匹配度高，用户忠诚度高。

（4）微商区域分布广，商户规模小

微商调查报告显示，截止至 2016 年，微商商户区域分布，20% 来自一线城市，53% 来自二三线城市，27% 来自四线及以下城市。

微商行业由于门槛较低，且运营成本较少，吸引了大量商家，其中既有中小商家，也有品牌商户，且以个体小商户数量居多。

（5）美妆、农特产品、母婴孕微商产品销量居多

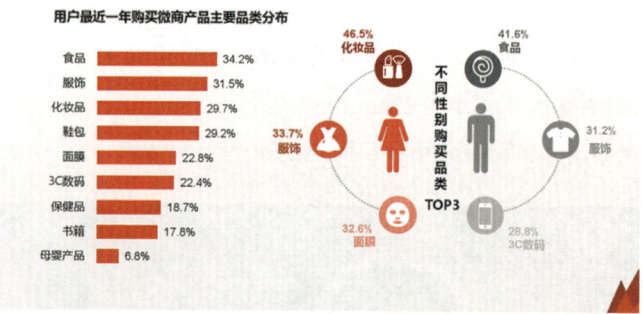

衣、食更为吸引微商用户购买

> 调研数据显示，微商用户最近1年购买最多的商品品类为食品，其次是服饰，化妆品位列第三。男女用户偏好购买品类差异明显，女性更偏好于化妆品、服饰和面膜，以美为主；男性更偏好于食品、服饰和数码产品。

用户最近一年购买微商产品主要品类分布

食品	34.2%
服饰	31.5%
化妆品	29.7%
鞋包	29.2%
面膜	22.8%
3C数码	22.4%
保健品	18.7%
书籍	17.8%
母婴产品	6.8%

不同性别购买品类 TOP3

女性：化妆品 46.5%、服饰 33.7%、面膜 32.6%

男性：食品 41.6%、服饰 31.2%、3C数码 28.8%

根据 2015 年进驻微信公众平台的中小微商销量排行，美妆、农特产品、母婴孕产品位居市场前三，三者占市场份额的比重超过 80%。

其中，美妆占 39.7%，农特产品占 25.8%，母婴孕产品占 15.3%，大健康产品占 9.4%，针织产品占 5.8%。

部分知名面膜品牌进驻微商仅一年，销售额就已经远超实体营业额，旗下微商从业人员数量更是多达百万，这也不是罕闻。不过，随着越来越多的人涉足面膜行业，其市场将日趋饱和。

（6）女性、年轻人是微商消费主力

2015 年，从微商用户的性别看，男性用户占 42%，女性用

户占 58%。

从微商用户的年龄看，24 岁及以下的用户占 26%、25 ～ 30 岁的用户占 37%、31 ～ 35 岁的用户占 19%、36 ～ 40 岁的用户占 10%、41 岁及以上的用户占 8%，很明显，35 岁以下的用户是消费主力，占比超过 80%。

第二章

微商动销等式新论

章节导读：进入 2018 年后，业界人士重新整合微商动销理念，计算出全新的微商动销等式：动销＝客情度＋活化度＋促销度＋推荐率＋拜访率＋铺货率。

很多人认为，微商不过是一个销售渠道，但事实上在营销操作层面，微商销售更为复杂。微商人普遍会采用话术、购买、培训、招代、加粉、文案、转化、推广等方式，组合为微商动销的操作体系。

然而，随着微商行业的发展壮大，微商人的技能储备、理论水准也需要得到提高。我们必须深入了解微商动销的规律、逻辑关系，才能与消费者有效互动，高效动销。

所以，进入 2018 年后，业界人士重新整合微商动销理念，计算出全新的微商动销等式：**动销＝客情度＋活化度＋促销度＋推荐率＋拜访率＋铺货率。**

1. 客情度

相较于传统企业、电商，微商拥有的最大优势之一就是客情度，同时，客情度也是微商的生存根基。

所谓客情度，就是指你与客户的关系质量。因为微商是依靠人际关系扩散去销售产品的，因此必然要面对"商户对消费者""朋友对朋友"多重关系叠加的局面。

如果微商忽视自己与客户的关系转化，只从朋友关系或者消费关系一方面入手，都将输人一步。所以，维护客情度对于微商来说是非常重要的。

那么，在维护客情度方面，微商可以做的有两方面内容：

第一，从物质层面入手，微商在客户购买产品时，除了给予常规优惠、购货促销外，还可以提供额外的赠品、小礼品、明信片、品鉴资格等。

第二，从精神层面入手，微商平时要多对客户表示关心，让客户感觉到自己是被重视的。微商最好与客户建立共同爱好或语言，那么每次拜访就能给客户带来建设性提议，不一定要局限于本产品的范围，而是能从关键客户生意层面或者生活层面的问题给予建议。

同时，客情度也是重新维系你与客户之间的朋友关系的手段，目的是避免过多的商业交易损耗了亲友关系，最终消耗商品信誉。

2.活化度

活化度是指打造产品动销的氛围，改变消费者的接受心理，让消费者在气氛使然的情况下进行愉快消费。

"活化度"是铺货率、拜访率、推荐率的综合应用，是所有活动的基础。

微商是一种嫁接在人际关系、应用场景、冲动消费基础上的营销类型，购买氛围的强弱，将会直接影响消费者的购买欲望。

想要提高活化度，微商可以从这两个层面入手：

第一个层面：产品推介

产品推介，主要是包括推介的产品特点、推介的数量、推介的方式。在进行产品推介时，最好按照激起人的购买欲、介绍产品功效、给出价格等逻辑思路去进行。

比如，在朋友圈里推介产品，对核心产品必须强化陈列的效果与强调产品的价值，如新产品和畅销产品，无论是陈列的数量与陈列位置都要超越同品类中的其他产品。可以采用错置九宫格中央、大图显示等手法，强调畅销、新品。

同样，在推介产品过程中，一定要遵循注意力原则，3～6个产品为一个序列，每次推介不应该过多过杂，要给观看者留下记忆点。

第二个层面：产品氛围

无论是朋友圈文案、个人头像、图片动态、产品展示，都要遵循产品的风格和客群习惯。切忌三大原则：过分个人化；过分庸俗化；过分独立化。

过分个人化，即以个人审美为主，忽视受众的审美特点；

过分庸俗化，即在产品展示中，忽视了产品本身的特点，"爆款""折扣""大众"等夸张性词语的胡乱堆砌；

过分独立化，即每次展示、每次动态的风格变化过大，难以给阅读者留下统一的印象。

3. 促销度

促销，对于微商动销来说，是不可缺失的核心组成部分。

促销活动的优势在于，可以快速抓住核心消费人群、固定核心消费场所，微商可以用促销、体验、品鉴三者结合的方式，对新产品进行销售推动，让消费者迅速接受该产品。

促销活动要依循季节、节日、热点，以及渠道促销周期，有规律地进行。多频次的促销活动，会让消费者感觉和产品更贴近。

但是，过于频繁的促销，会让消费者产生厌烦感，因此微商要谨慎把握其中的尺度。

渠道促销

渠道促销，必须要抓住几个关键节日：春节、端午节、中秋节以及婚庆高峰的五一、国庆。

至于活动形式必须灵活多变，比如我们可以有购买产品送礼物、分享有奖、点赞抽大奖、空瓶回购奖励等，但必须把握住时间节点，到时必须结束，推出下一波活动，同一种活动的周期时间一定不要后延。

消费者促销

微商不能仅是针对产品本身，做抽奖活动，还必须要有针对终端消费者的买赠活动、品鉴体验、幸运大抽奖等等。

合作促销

微商在选择与其他商家做促销时，无论线上线下，都要记得选择人流量大、辐射力强，并且匹配产品特性的公众号、自媒体、平台、实体店展开合作。

联合终端进行消费者的促销活动，会加速促销信息的传播，比如，买大赠小、买二赠一、限时赠送、限名额赠送、抽奖活动等。

核心用户促销

核心用户，是影响力最大、影响范围最广、转化率最高的消费群体，所以，要抓住核心用户的需求和特性，有针对性地展开促销活动。可以采用转化用户返利活动，吸引核心用户的转发和分享。

消费领袖

微商可以在资源允许的情况下，培养一批意见领袖消费者，让小部分消费者通过试用对产品形成初步印象，然后去影响普通消费者，扩大市场销量。

我们也可以利用针对意见领袖消费者的公关活动，扩大核心消费人群、拓展微商终端销售渠道、打造市场动销氛围。

想要培养消费领袖，可以选择网络 KOL、论坛版主、微博大 V 等群体，但这些群体需要微商投入大量资金去聘请，不过，效果也更明显。

微商还可以通过免费使用、分享优惠活动等途径，在最短时间内获取用户群体。当然，这些途径的投入较大，个体微商的资金压力也会较大。

4. 推荐率

从微商的角度来说，推荐率可以看作主打产品的影响力。

微商通过对主打产品的形象建设和功效推广，加深消费者对品牌功效的印象，起到一个"示范"作用，进而树立产品消费影响力，及消费者对品牌其他产品的信心。

一般微商销售产品过程就是现在朋友圈发布产品信息，然后等有兴趣的消费者主动咨询，在交流期间，微商再推荐主打品牌。主打品牌的推荐次数越多、推荐范围越广，推荐率就越高，那么也就证明了主打产品影响力越大。

本质上，推荐率是一种"点带面"的营销手段，主打产品相对于其他产品来说，规模较大、经营时间较长、对消费者有影响力……反之，产品功效弱、功能少、口碑一般的产品，不适合做推荐的主打产品。

所以，若想新品快速动销，铺货率、推荐率必需双线并行，把那些既能"引导"消费，又能够在初期"把握"价格的领袖终端找出来，聚焦资源，重点进攻，依靠这些领袖型终端的推荐快速形成产品动销。只有势能与动能高效结合，才能形成产品动销的完美组合。

新品是因为有人愿意买才可能畅销，解决消费者的意愿问题，即解决终端推力问题。

终端愿意"费力"推新产品的理由很简单：能获得更好的

客情度与更高的利润。

　　经销商们保证到终端的利润，才能充分刺激终端主推的积极性。终端利润多寡一定不能直接体现在产品价格上，否则就是低价销售，而是要体现在渠道促销活动方式与合作方式上。

5. 拜访率

拜访率，是微商最简单易行、快速扩展客源的手段之一。

　　微商的微信好友越多，产品推介就越快，那么对微信用户群体的拜访，就显得尤为重要。

拜访率，不仅仅是拜访频率，更重要的是拜访质量与效果。只讲数量没有质量，是没有效率的工作，这只是在增加服务成本，而非创造价值。

每一个微商个体，拜访客户之前，首先要明白自己的目标：一方面，微商是去收集用户对产品有什么追求，希望产品能有什么效果等信息，并汇总成册；另一方面，微商需要发掘产品缺陷和问题，解答用户对产品的疑惑。

其次，拜访前要做好充分的备课，对产品信息、产品效果、产品背景、产品功效，甚至于科学常识有充分了解。切勿只凭一腔热血，就在什么都不知道的情况下去向消费者倾力推销，这样反而会被视为"骚扰"，达不到拜访率的质量。

拜访工作不能流于形式，讲数量、讲流程、讲要点都只是基础。流程和要点，只不过是工作的标准和步骤，每一个微商要充分利用个人关系，展开深入和个性化的交流，才有助于产品的动销。

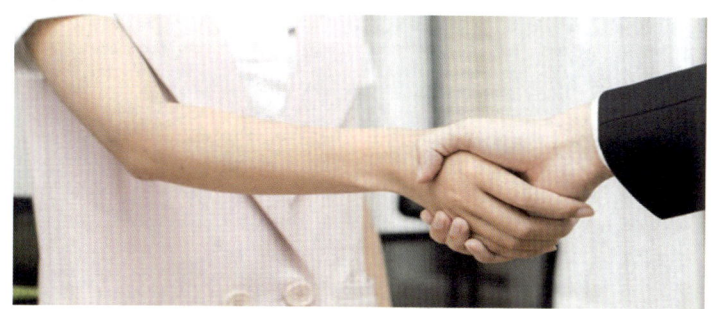

6.铺货率

铺货率，即终端渠道货物陈列的数量。

对于微商而言，就是个人展示的产品数量和销售渠道。

铺货率旨在打造产品的销售势能，微商可以通过铺货率营造产品市场氛围，增加产品曝光率。增加朋友圈产品推广次数、提高产品上新率、增强朋友圈文案的时效性等，都是微商常用的有效曝光手段。

动销、营销、销售，根本上都是一种"造势"活动，声势越大，影响范围越大，受众忠实度越高。动销需要声势，更需要铺货率作为根基，加快产品在销售圈的能见度。

第三章

新微商的发展思路

章节导读：微商中的"微"字并不只是指以微信为代表的社交平台，它的意义还包含了主体规模不大、交易量有限等。但如今，这个"微"的意义已经发生了改变。

微商起源于个人发现了社交平台的潜在商机。独立个体是微商商人的最初形态，他们以熟人之间分享个人体验、交流情感为基础，去推广销售商品及服务的行为是微商的原型。

最初微商是指以微信等社交平台为工具从事微商交易活动，因为无须进行店铺注册或缴纳保证金，因此微商相比其他行业，投入更少、门槛更低、覆盖面更广、更加不受地域限制等。

这些优势促使微商迅速发展壮大，个体微商数量和微商交易成交额激增的同时，微商商人形态逐渐呈现出多元化、组织化的特征，微商行业中，分享个人体验、交流情感的因素开始慢慢弱化。

最初微商中的"微"在行业发展过程中，逐渐除掉了"微小"这一意思，而仅指向以微信为代表的社交平台。

社交平台的功能也因营利性等商业因素渗入，出现异化。电商企业及实体店的加入改变了单一的、以个体为主的微商人形态，呈现出多元化特征。

即使微商有许多负面传闻，依然无法阻挡传统企业对微商的热情。因为微商能协助传统企业销售产品，提高动销，加速资金回流，并且具有压力小、效率高等优势。因此越来越多传统企业选择进入微商行业。

自媒体怎么抨击，都无法否认，微商正在成为企业销售产品的零售选项之一。

眼下微商行业的话题热度开始降温，行业趋于理性。此时正是企业进入微商的最佳时机，因为行业时机与行业口水热度是成反比的。

在微商行业发展过程中，从个人到团队到公司化运作再到平台化运营，每一次的递进都是对行业的升级洗牌，对于当下的微商来说，要补的功课太多了，供应链、财务、法务、微商整合营销、自媒体营销、团队管理知识等等，没有哪一样是能快速学会的。

微商是电子商务创新发展的新业态、新商业模式，成为扩内需、促消费的新途径。因此微商团队的问题没有先例可鉴，即便管理学博士也没办法给你支招。

代理们之间很少见面，不是公司和雇员之间的具有法律约束的关系，成员与成员之间不是同事关系，只是买卖关系，并由此建立起的松散的利益联盟。

微信上的培训和推心置腹的交流，只是提高团队粘性的手段，团队品牌化的塑造只是营造归属感和自豪感的手段之一，团队成员的流失是无法避免的，乱价窜货也是无可奈何的事情。

当你还在不断地追问，微商如何吸粉引流时，说明你已经在微商圈中落后了。复购率、用户粘性、客户留存率、口碑美誉度才是更值得关心的问题。有了这些，你自然不需要担心被拉黑怎么办，也不需要担心如何做引流，有了口碑自然会有动销，这是不二法则。

低水平的大咖横行于微商行业的各类峰会时，只能说明这个行业的段位还很低，机会其实也还比较多。比如，部分大咖每次登台，都只是大谈个人奋斗史，玩弄着小伎俩儿，看似激昂，实则空洞。

现在微商台面上到处去演讲的所谓大咖，其实是不懂写文章，也不懂抓话题的，移动互联网时代，想要让微商品牌爆发，不能忽视了自媒体大 V 的营销。

怎么去营销呢？首先我们需要在重量级的自媒体平台上，频繁地发布文章；然后用草根号辅以引流的方式去推广；接着让大量新手在这个行业赚到钱，从而形成热门话题；最后，产品本身必须是没有缺漏经得起推敲的，各种条件结合，才有可能让一个品牌爆发起来。

从这点而言，让品牌爆发的门槛并不低，毕竟这个门槛不是用钱能够解决的，需要智慧和悟性以及恰好到位的经费才能成势。

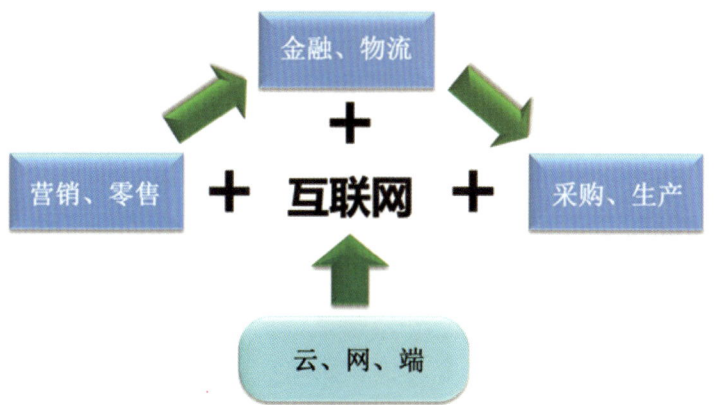

第四章

新微商运营的思路突破

章节导读：正常的微信营销，要有自己的体系，这个体系能够解决客户对品牌、售前以及售后的担心等一系列问题。

　　微商是目前较为热门的新兴创业方式，从业人员不断增长，产品种类逐渐增多，竞争日趋激烈。要想成为一个不被淘汰的微商，就要在竞争激烈的市场环境下，以及同品类微商中，建立属于自己的核心价值。这对于微商而言，绝不是简单的圈粉和销售问题，而是要有产品经理人的意识。

　　正常的微信营销，要有自己的体系，这个体系能够解决客户对品牌、售前以及售后的担心等一系列问题。

　　微商要从品牌的打造推广、服务的体验、客户的维护，营销的技能等方面做好微信运营，找到属于自己的营销方法，逐一进行单项突破，争取把服务做到极致，这样才能长久地发展下去。

　　若想形成自己的一套体系，就要做到复杂问题简单化，简单问题极致化，极致问题标准化，标准的问题流程化。

1. 微商个人品牌形象塑造

零售时代，对客户精准定位，是微商思考的基础。

想要对客户精准定位，微商需要解决两个问题：一个是信任，即被好友信任的理由；另一个是记忆，即如何让客户对你印象深刻？

首先，微商必须从自己的微信着手，建立良好的个人品牌形象，引起微信好友注意，从而强化认知，建立信任感。

微信朋友圈是微商营销的基础，相当于微商的线下实体门店。无论你微信好友人数有多少，你都要发好每一条朋友圈，维系好客户关系，这是一个连贯的过程。想要达到好的效果，你的朋友圈就要保持一个连贯度和专业性，把它当成自己的线下门店一样经营。

想要保证专业度和连贯性，微商就需要在微信好友还不是很多的时候，就把朋友圈打造成为小而美的高端平台。

这才能够让你的客户从不熟悉到熟悉，从一个人加你到一群人添加你。同时也便于好友通过朋友圈里的信息，了解到你的专业背景。

然而现在很多新手微商的逻辑顺序是错误的，他们最先考虑的都是添加好友、寻找客户，从而忽略了打造朋友圈，宣传自己。

其次，就要求微商要懂得抓住碎片化市场，进行自我传播，刷出存在感。这里说的碎片化市场是指在新型移动互联网发展下,整体形成的一种"看不见"的市场。微商需要从用户角度出发,选择时机,有针对性地发好每条朋友圈。

据腾讯微信产品团队对外公布的大数据显示:"用户刷朋友圈高频时间点分别为:7:00起床刷刷朋友圈、10:00忙里偷闲刷刷朋友圈、17:00准备下班刷刷朋友圈、20:00看电视刷刷朋友圈。其中用户最活跃高峰时间点今年是22:00,去年是22:30。用户购物高峰时间点是两个10点,上午10:00和晚上22:00。"

此外,用户其实都不太喜欢商业味浓重的朋友圈。如果你的朋友圈,全是广告,不但会造成列表好友的反感,还会遭到拉黑、屏蔽等粗暴对待,这样一来,又怎么能建立起信任关系?

所以,微商需要在朋友圈写自己的日常,通过生活中的事情表达自己的观点,让客户清晰地认识你。

如何让客户认识你?

有的人靠内容驱动魅力，建立个自己的自媒体，隔三岔五推送一些有深度的东西；有的人靠聊天驱动魅力，经常组织聚会，或者挨个死磕意向代理。

但很多微商还处在暴力刷屏阶段，而他们朋友圈刷的广告也大多是产品说明书式的广告。产品成分、使用方法、用途功效等文字赘述再加上几张产品图的硬广告。

高频次毫无新意的广告刷屏，相信很多人的微信里都会有过这样的微商。我们换位思考一下，站在消费者的角度想一想，当你买了一件产品后，你会愿意一遍又一遍地反复查看阅读它的产品说明书吗？同样的道理，微信好友当然不会对这样的微商买账。

朋友圈原本是一个发布个人生活动态的社交圈，因此微商要学会"贩卖生活"，分享生活也是一种营销，营销的是好友相互之间的信任。

平时可以多多分享自己真实的生活场景，让好友了解你是一个有情调、有性格，有档次的真实可信的人。学会把生活"小时代"化，将微信营销生活化，才能做好微商。

2. 内容驱动魅力

现在的线上营销模式，不外乎就是内容＋渠道，这里的渠道就是指媒介，比如，微博、微信、音频、新闻等。无论是哪个营销平台，都要生产内容。

这里所说的内容不是简单地呈现一个产品图片，一段使用说明文字，而是脉冲式的传播，做好内容营销。

想要增加微信的浏览量，内容很重要，用鲜活的内容刺激消费者持续关注，培育你的忠诚客户、激起他们对你的产品或服务的兴趣。

对于微信的口碑传播，微商要做好情感营销，靠粉丝的共鸣和分享来提升产品知名度和品牌忠诚度。所谓共鸣就是要用观点引导受众理解你的意识情感，并产生认同行为。这就要有画面情境、情感情绪、观点话语，用观点引起共鸣。

把顾客对品牌的忠诚建立在情感的基础之上，满足顾客情感上的需求，使之得到心理上的认同，从而产生偏爱。

朋友圈卖货切忌吆喝叫卖，如果你是做营销培训的，可以在朋友圈多分享些实战经验；如果你比较擅长摄影美术等，可以多做一些审美输出、搭配技巧；如果你是做美妆的，对护肤品了解较多，也可以多分享些护肤技巧……不断地分享有价值的干货。

高手营销总是在无形之间，就能不漏痕迹地把货卖了。

3."以人为本"的终端销售

微商是一个充满着艰辛和挑战的职业，要想完成从新手到微商大咖的逆袭，不仅要销售好产品，还需要强大的企业支持以及良好的发展模式，更重要的是微商人自身必须具备较强的销售技能，才能更好地应对激烈的市场竞争，取得良好的销售业绩。

目前绝大多数微商品牌、微商团队关心的问题，是底层裂变、底层升级，而不是货最后有没有到达终端消费者手中。

而且现在很多微商，并没有高级的销售手段，不会讲具有代入感的故事，而是只会狠卖、群发推销，最后导致过度营销，导致产品在底层小代理手中积压，而不能真正地销售到终端消费者手中，导致整个营销链条不能闭环。

由此可见，终端销售问题也是微商发展的一个核心问题。

事实上，任何一种商业模式，若要持续健康的发展，都必须要关注终端的出货问题。产品若是卖不掉就会积压在代理商手中，影响产品流通市场运转。

因此，是否能解决终端销售问题，关系到能否占领微商的制高点。

微商的本质是在社交平台进行零售。不管是有形的产品，还是无形的服务，都是消耗信任关系，享受社交红利。

所以微商若想与客户，建立起良好的信任关系，做好终端销售，除了要掌握某些零售必然涉及的量本利和进销存等一些零售基础知识，还要学会一些实用的销售话术，以便更好地与客户进行有效沟通。

微商是基于移动社交平台的电商，它的核心是以人为中心，要抛弃产品理念，树立人的理念，并做好角色扮演。虽然微商表面上是卖产品，但其最终实质卖的是"人"。以人为中心，也就是说认同你的人，才会认可你的产品，一个会做的人总能把东西卖出去。

如果只围绕产品，那么即使微商换了一百种新品，在大家眼里也都还是广告，但是如果销售的是你的"人的品牌"，那么你卖什么产品就显得不重要了，无论你卖什么产品，好友都愿意尝试。

　　微商卖货，种种营销方法都是为了提供更好的服务，所有服务的目的都是成交。而微商的成交技巧，在于提高转化率。所谓转化率，即把好友转化成为消费客户的概率。

　　那么，如何做到以人为中心提高转化率，要注意以下几点：首先要了解客户消费需求，洞察对方心理。我们可以通过浏览其朋友圈或沟通等方式，了解客户的基本情况，如家庭背景、婚姻关系、经济情况等。

　　其次要学会收敛目的性，多些利他思维，不要急于求成。很多销售在与客户交流过程中总是带有浓厚的功利心、强势推销色彩，给人以咄咄逼人的感觉，导致很多消费者避之不及。

营销人员在销售过程中切忌跟着对方的思路走，要学会提问题，预设脚本让客户感受到你的专业，能够把握沟通的主动权也是一种销售力。

最后，完善售后追踪服务，才能提高复购率，微信营销是服务型的营销方式，售后追踪至关重要。

总之，所有的技巧都是以人为基础的，因为所有的销售最后卖的都是"人"，是你所传递出的个人品牌价值，而不仅仅是货。

4. 团队的"裂变"及管理

现在进入微商行业的人越来越多，有品牌微商、全职微商、兼职微商，但无论是哪一种类型的微商，都有一个共同的目标：挣到更多的钱，实现利润最大化。

要想在激烈的市场竞争中，保持长远发展持续收益，就需要微商实现两个转变：一是从零售型微商到招商型微商的转变；二是从个人微商到微商团队的转变，并加以公司化的运营管理，打造强关系的客户群，实现从职业到事业的飞跃。

微商发展到今天，单打独斗早已被淘汰，紧接着到来的是群鱼吃大鱼的团队发展阶段。想要实现长远发展，应对市场竞争，就必须搭建强大的微商团队。

目前，虽然微商群体迅猛增长，但从业人员流动性也很大，每天都有新人加入微商，也有很多老微商退出。

微商团队人数过多，加上人员来自全国各地、社会各阶层，难免出现管理不当，代理流失，团队业绩下滑等问题。因此实现团队管理正规化，公司化运作势在必行。

组建团队的好处在于很多工作有了更细化的分工，遇到问题也可以大家一起去想办法解决。但微商属于线上群体，如何组建团队，如何让团队快速形成战斗力，如何增加团队凝聚力，这是微商现在需要解决的问题。

首先打造自己的团队，作为一个微商团队老大要把自己先打造成一个个人品牌，要不断地展现出团队创始人的个人魅力，如一定的专业能力、团队操盘能力，等等。

在个人取得良好业绩的同时，也要帮助团队的每个代理商实实在在地把货销售出去，赚到钱，并且能够帮助他们解决他们处理不了的问题，才能带领更多人达到更好的舞台。

其次，定期培训很重要，很多微商缺乏经商专业技能，只有保证群体成员有所成长和收获，群成员才会愿意一路追随团队。培训内容可以是严格的每日操课、业绩指标考核；不达标直接清退；人数严格限制。

最后，还要合理规划团队微信群。众所周知，微信群是微商团队的存在形式。

那么一个微商代理群至少需要三种人：

第一，业绩强将。榜样的力量是无穷的，要培育卖货高手、招代理高手，发挥榜样的示范带头作用，激励群员；

第二，活跃分子。拉拢活跃分子，并与之建立良好的人际关系，发挥他们的积极作用。请注意，如果团队里缺少了这类人，会直接影响微信群的活跃度以及团队活动的执行力；

第三，执着坚持的人。业绩不是很好，但是很努力，懂得坚持不放弃，体现了一种不服输的精神。

第五章

新微商动销的实操手册

章节导读：新微商动销具体要怎么做？本章节具体
详细地列举了 68 种新微商动销方法，结合了实际
案例，手把手教你怎么使用动销方法，提高自己的
销售额。

1. 空瓶换购

通过空瓶换购形式，提高用户的"拜访率"，打造动销氛围，提高消费者复购产品的积极性。

小瓶子，大用处。

空瓶换购活动的主要意义，在于传递给消费者一个概念，告诉消费者他们使用过的产品包装，诸如，化妆品瓶子、包装盒子等，是拥有潜在价值的，可以抵扣再次消费的部分金额。

在操作形式上，空瓶换购是指老顾客在购买产品后，用完后的瓶子、盒子等，可以再拿回来给代理，以抵扣部分金额的方式，复购产品。具体的抵扣金额，可以根据产品数量、活动规模、品牌补贴力度决定。

例如：一瓶精华 100 元，客户首次购买精华后，只要把精华的空瓶子寄回来，就可以抵扣 10 元，以 90 元的价格再买一瓶精华。

空瓶换购活动，除了能增加产品动销，还有一系列的好处：

（1）**回收空瓶或者空包装，比较环保。**公司统一将空瓶子和空盒子回收处理，能起到环保作用。追求环保，也可以作为产品特点之一。

（2）**方便销售者掌握顾客的产品使用情况，也能为销售者回访顾客提供便利。**顾客用完产品之前，我们会去回访，回访的时候可以问顾客有没有用完以及使用之后的感受，这样将会提升客户满意度，让顾客拥有更好的购物体验。

（3）**增加顾客对公司活动的参与热情。**当顾客用完或者快用完产品时，看到公司推出了空瓶换购的活动，顾客自然而然地就会想要参与这项活动，从而对产品进行复购。

进行空瓶换购的活动之后，集中对回收的空瓶进行系统分析，一般能从中获取一些问题答案，比如：我们的目标顾客在消费哪些产品？哪些产品销售得比较好？这些旺销产品的特点是什么？

代理商可以经常进行"空瓶换购"活动，一定会有很多贪小便宜的顾客，坚持只愿意换购产品而不会选择购买产品，给顾客低价换走产品也不是坏事。如果顾客用过之后觉得效果不错，也许还会成为品牌的忠实顾客。

在"空瓶换购"的操作上，要注意以下几点：

（1）**注重产品选择**。代理需要根据季节不同，选择出几款当季产品，这样才能强化产品的销售氛围。

（2）**做出震撼定价**。这种特价要的就是震撼力，所以定价要冲破消费者的心理底线。不是打折，也不是半价，而是消费者只需要付1元或2元，就可以"买"走所要的产品。这样才能吸引大量顾客，参与活动，复购产品。

（3）**空瓶品牌不限**。空瓶换购不要局限于我们自己的品牌，不管是什么牌子，只要将空瓶寄给代理，都可以加一角钱兑换我们的品牌产品。

（4）**限时限量，营造抢购气氛**。例如，代理推出空瓶换购活动时，可以规定日换购总量限定200瓶，并限定每人换购的瓶数，最好是每人仅限换购一次，每次仅限换购一瓶。

2. 包年体验

　　包年体验活动，有几个优势，一是能维系较长的时效性；二是能提升客户拜访率；三是能打造终端氛围，及聚集核心用户群体；四是能制造长尾效应。

包年体验活动，是个很好的引流途径。

它的重点在于两个部分：

第一，包年式服务具有很高的客户黏性。 包年客户往往都是核心客户，如果他们以包年形式参与活动，那么在这一年内，如无特殊情况，客户都将是你的忠实消费群体，不需要过多打理，就可以获得稳定的客户流量。

第二，包年客户是你最主要的口碑宣传渠道。代理通过与包年客户合作，进行效果展示，可以提高其他客户对品牌的信任度。

包年体验活动，与赠送、打折这些常见动销方式不同，它是一个可以长期维系核心客户、准确定位客户群的活动。

这类活动虽然初期的收益不大，但是能长期累积客户，并且能让每一位微商获得稳定的后期收入。

下面，通过案例简单解析一下包年体验活动。

以公司近期的某个面膜包年免费体验活动为例：顾客只需要花一定的金额，办理会员，就可以获得一年的面膜免费体验权。

比如，顾客消费满一定金额就可以成为我们品牌的黑金会员，即可马上获赠三盒面膜。在办卡之后的一年内，黑金会员每天都有资格免费领取一盒面膜，顾客只需要支付 15 元的邮费。

这类活动主要考虑了两个层面，第一个层面就是产品投入，通过办卡方式，先在前期收回投入，保障微商的资金流安全；第二个层面，就是培养核心用户，通过会员权益的形式，培养更多的核心用户。

同时，对顾客而言，包年活动更为划算。单片面膜的价格是 30 元左右，一盒面膜的零售价在 120 ~ 150 元之间。参与包年活动后，客户就能以 15 元的包邮价格，获得一盒面膜，节省了一百多元。

另外，面膜包年体验，也是增加产品活化度和客情度的主要方式，代理以朋友、亲人的身份去推销产品，给予对方足够优惠，才能提高客户的消费积极性，并且不损耗彼此之间的感情。

　　不过，举办包年体验活动，必须注意两点：第一点就是微商要根据自身实力来决定，是否举办包年体验活动；第二点是举办该活动时，微商需要有稳定的物流渠道，这样才能节约成本，降低活动损耗。

3. 生日特权

生日特权是维系客情度的重要手段，代理通过关注客户生日及时送上优惠，可以加强微商与客户之间的感情联系。其次，在客户生日这一天，客户会比平时更愿意消费，这时就是微商推销产品的好时机。

生日特权，有你有我。

想要使用"生日特权"这种动销方式，个体微商需要投入更多的精力。每增加一名新顾客，微商都要及时收集顾客的基本信息，记录顾客的生日，并且告诉顾客，生日当天有消费特权。

通过这样的方式，知道近段时间有哪位顾客过生日，提前两天进行回访。微商主动告知顾客，只要凭身份证照片确认生日时间，那么在生日当天，就能享受优惠特权，比如说打折、买二送一、返现红包等等。

这类活动，必须要在前期对顾客做好沟通和建设，强调特权的意义，避免出现客户不理解的情况。

针对部分不了解生日、个人信息的客户，微商要选择主动出击，比如说不定时发送生日特权类朋友圈动态，晒老顾客享受生日特权优惠的截图以及凭证，去吸引朋友圈里当天正好过生日的新顾客。

4.一元体验

一元体验是一种消费促销活动，主要就是以产品促销的方式，活化我们的潜在客户群体。

"一元体验"的动销方法，适合两类产品的促销：一是公司相对滞销的产品；二是新品。

并且，"一元体验"活动，也适用于吸纳代理商。如果代理商对公司新推的产品有兴趣，但又对产品质量抱有怀疑，那么代理就可以花费1元购买体验装，通过试用感受，再决定要不要代理这款产品。

我们会规定顾客消费满一定金额，加1元就可以体验新品或者某件单品。在新品出来之前先做一批试用装，比如，20克单片面膜或者是小的旅行套装。微商在推新品之前可以先发售1元体验装。

通过1元体验装，老顾客购买了老产品，加1元就可以换购1个价值58元的体验装。通过前期市场很多用户的真实体验和顾客反馈，在新品真正推出的时候就已经有了很好的顾客基础和口碑基础。

如果，所有代理商的公司，进货量都比较少，那我们也愿意再投入一定的资金，给我们的代理做一元换购。

这样做的目的是让所有人对新品有所期待，同时，也是一种个人实力与公司实力的展示，这种展示能让所有人对产品和公司更为信任。

当然了，一元体验活动也不能频繁使用，避免部分贪小便宜的人重复利用这一漏洞，造成微商不必要的损失。

5.积分商城

积分商城与会员制、包年活动具有一样的效果，都能增强促销度，活跃终端氛围。但是，积分商城还有两个好处：第一，它能激发顾客更强烈的购买欲望；第二，它能给予客户更多的选择机会，而客户喜欢这种自主选择的感觉。

积分也是钱。

这种积分换购的方法，能够促进顾客的购买欲。但前提是积分换购的商品一定要精致。产品只有足够精致、足够经典，才可以勾起顾客的好奇心与购买欲。

我们的品牌在2015年做了APP。同时，我们在公众号上建立了一个积分商城。

也就是说，顾客通过购买我们的产品，可以扫产品的溯源码。溯源码的作用有两个：一是查防伪码；二是查积分。

我们在商城里实行了积分制，用来进行商品换购和抽奖。积分是按产品的零售价计算的，比如，产品的零售价为180元，顾客是以优惠价160元买到的，就按160元来积分，1元钱积1分。

我们去定制一些产品，比如，女生用的化妆工具、睡衣、发箍、香水等，作为小礼品。我们还定做手机壳、定制旅行箱、定制睡衣等，都非常精致好看。有些产品还邀请了一些大牌的设计师，比如，帮香奈儿设计过周边产品的设计师帮我们设计产品。

顾客通过积分商城，很愿意去购买囤积产品。因为顾客买到一定量的产品，获得一定的积分，就可以兑换礼品，这样很划算。

我们做过很多定制，都很受顾客的喜欢，有些顾客为了兑换礼品还会拼命去购买产品积分。

我们投入了很大的精力在做商场。那么我们做 APP 成本就可能高了一点儿。对于普通的一些品牌来说，他们可以尝试手工的方式，那就是顾客购买满一定金额以后，由公司统一采购，再以统一价发给代理，来给顾客做换购。

2015 年以来，积分商城模式就一直很受欢迎。它不仅让顾客受惠，而且对代理来说，就相当于公司出资金，帮助他们增加销售业绩和出货量，以及老顾客的回购率。

我们不仅做积分换购，也做积分抽奖。比如，有些顾客虽然买得少，但我们也希望顾客跟我们有更多的互动和联系，所以我们就设置了抽奖活动。

例如，到了年底，顾客的积分不够换购怎么办？那就采取抽奖的方式。

首先我们将积分设一个基础档位，比如，满 300 积分，但又不够积分换购就可以抽奖。抽的奖一般是小礼物，比如试用装、旅行装或者优惠券。

同时积分还有这样的好处，比如我们有些产品相对滞销，那么，我们就可以给某件单品设置双倍积分。这样就可以在适当的环节增加滞销品的销量。

在形式上，我们可以采用积分兑换现金、商品的形式：

第一，积分变现金。当用户的积分达到一定值后，可以用积分变现金，提现使用，例如，微商可以设置 10 积分 =1 元，当用户积分达到 200 积分后，便可提现 20 元。

第二，积分当钱花。当用户的积分累积到一定数值后，便可直接把积分当钱花，用积分去兑换想要的商品。

那么，用户究竟该如何获取积分？

（1）**购物扫码抽积分**。消费者购买产品后，扫商品上的二维码标签，便可直接参与线上抽奖活动，奖励积分数值由商家在积分系统后台自主设置。

（2）**玩游戏赢积分**。微商举办购物送积分的活动，就是想提高用户与销售者之间的互动性，扫码积分系统还带有玩游戏赢积分的模式，可以更好地提高用户的活跃程度。

6. 先试用后购买

试用，其实是一种提高推荐率的有效方式。每一个用户的试用反馈，都是微商把产品推广销售出去的助力，也是拓展客户群的重要渠道。

包装、设计都很精致的产品试用装，能提升顾客的体验感，并且产品覆盖率很高。

通过先试用后购买的流程来复购的顾客，往往忠诚度更高，后期的消费能力也更强。主要原因是，他们已经通过前期的购买，感受到了产品的价值，对产品的功效更为理解。

这类用户还具备长远发展的可能性，可以增加拜访率，将其转化为长期的会员客户。通过这样的形式转化，我们再一次销售出去的产品，可能就是 3 盒或 5 盒，甚至还能招来代理。

先试用后购买，并不是简单的赠送试用装，而是把试用装做得很精致，包括试用装的规格定制，和它的整个包装设计都很精致。

一般品牌的试用装，做得跟袋装洗发水一样，一包一包的，这样就让人感觉很廉价，顾客也不会喜欢，而且显得很掉档次。我们的试用装做得很精致，就能提升顾客的整体体验感。

同时，我们的试用装价格非常优惠。比如小精华，我们就设置了一个 19 元包邮体验试用装。顾客在收到体验装的同时，我们会进行一个回访，跟顾客讲解怎么使用这款产品以及使用的注意事项。

所以，顾客购买的并不是试用装，而是以试用装为核心的服务、使用体验。

这样做有两方面的好处：一方面，19 元本身的东西很精致，我们又提供了很好的服务，且顾客使用产品后感觉良好，那么顾客肯定会回购；另一方面，试用装也为我们提供了良好的信息反馈，收获了客户的正面评价。

在试用服务之外，为了增加顾客快速复购的决心，有效缩短购买时间，我们就要把售后服务做得更好，比如：顾客是 19 元买了试用装，就可以在 7 天之内给顾客按 38 元抵扣新品金额。

从顾客角度分析，虽然他们花了 19 元，但对他们来说此次购买没有风险，以19元买小体验装，可以体验是否适合、是否过敏。只要试了没有问题，服务也好，顾客就会决定复购，这19元的消费，还可以折合成38元的体验券，在他们购买正装时抵扣掉，非常划算。

通过这样的流程，复购率就可以得到提高。

加之复购的顾客消费能力更强，不会局限于某一种产品，因此这类顾客会给微商带来更高的业绩，甚至，在一段时间消费后，这类客户还能转化为代理。

7. 互动游戏

互动小游戏目的就是搭建一个更有趣、更生动的终端氛围。避免顾客与微商在锱铢必较的价格交流中，损害了双方的感情。

小游戏里有大乐趣。

互动小游戏促进动销的办法，通常用来成交一些爱还价、对价格有疑虑、想要小赠品的顾客。

当代理遇到还价的顾客，坚持索要赠品，而他又没有足够的利润空间去操作时，就可以让他们去玩这个互动小游戏，能优惠多少或者得到什么赠品，就看顾客自己的手气了。

这种互动小游戏非常有趣，可以和客户互动，又可以让客户心情愉快，不管是 1 元还是 8 元的优惠，顾客都会很开心，认为这是自己的手气，就不会抱怨了。

这个互动小游戏的操作很简单，因为现在我们的销售途径大多都是微信，因此以微信为例：微信里面有两个表情能用来玩小游戏，这两个游戏分别是掷骰子和石头剪刀布。

比如，顾客买了产品，价格是 218 元。他（她）特别希望包邮，十分希望抹个零，但是由于我们品牌管控不让乱减价，而这个顾客又特别倔强，为了几元一直犹豫，可能没有购买。

那我们就可以通过一些话术，或者一些小方法，带给顾客适当的优惠，又让顾客觉得有趣。

因为买化妆品的顾客多为女性，她们本身情绪波动很大，心情对购物欲望的影响非常明显。所以我们都会让代理学会去调动客户的情绪，让客户更开心。

当遇到还价的顾客，遇到坚持索要赠品的顾客，代理又没有足够的空间去支撑的时候，我们就可以让他们去玩小游戏，比如，每个人可以玩两次微信里面的小骰子。

如果顾客摇到 8 元，那我们就给他优惠 8 元，如果是 1 元，就优惠 1 元。

这个操作并不僵化，也不局限于金钱、折扣、次数。可以在自己的利润空间中灵活设置，设置一次、两次、三次都可以。

我们不要直接给顾客打折。如果说一个代理这次给顾客优惠了 20 元，那下一次顾客希望你优惠 30 元。

这种小游戏有趣，可以互动，又可以让客户心情愉快，通过这样的形式，我们可以和新顾客、喜欢还价的顾客有很愉快的成交。

8. 礼品定制

礼品定制活动是渠道促销的关键法宝，也是提升客户与代理之间客情度的重要手段。任何人都喜欢收获到"走心"的礼物，并且，礼物越符合顾客心意，最终的传播价值就越广泛。

礼品定制，"礼"是唯一。

礼品定制的终极目的，在于带动产品的动销和复购，同时，也可以从礼品定制这一个项目中，直接获取纯利润。

在提供定制礼物的过程中，这些礼物以"一比一"形式提供给对方，不需要多余花费。只有让代理商挣到钱，有足够的收获，代理才有动力去销售产品。

礼品定制的产品，最好是品牌定制，或者是由某些大品牌的设计师设计制作。这样的礼品才有价值，才能让顾客有想要的欲望。

这个跟积分商城类似，不过途径不一样，我们的礼品会做得很精致。

我们首先要求是品牌定制，或者是某品牌的设计师设计。因为这样子可以让我们的礼品显得有价值、有意义，而且可以让别人有想要的欲望。

通过这样的礼品定制，我们就可以要求满多少消费额送一个定制礼品。比如零售，顾客一次性消费满一定金额，公司就会送条项链给他（她）。我们会根据礼品本身的价格，去设置赠送时的消费额。

而这些礼品，代理都不需要花钱，只要通过进货一比一配送。比如，我们要求顾客买3瓶送手机壳。那代理可以享受同样福利，只要进3盒就送手机壳。

这等于说代理出了货，但是送礼品的钱又不用自己出。这样，整个市场里面就可以促进产品的动销和复购，又能够让代理赚纯利润。对微商来说，代理一定要赚钱才有动力。

不过，定制礼物有一个重点，就是不要轻易赠送大额礼物，因为成本过高，不符合动销法则。同时，定制礼物的对象一定要精挑细选，不要随意的送出礼物，给自己以后的经营带来麻烦。

9. 刮刮奖

奖品，是最能够活跃气氛、活跃人与人之间情绪的东西。同时，它具备促进消费、回馈消费者的作用，可以促销企业的产品和服务，微商把"刮刮奖"活动利用得越好，促销效果也就越好。

刮刮奖活动，就像传统的彩票，定好奖项就可以抽奖。

比如，每盒产品里放一张刮刮卡，刮刮卡的奖项可以设置"再来一盒"，也可以根据品牌的利润以及奖项的设置，设置一些奢侈品。

刮刮奖的奖品可以是手机、笔记本，也可以是美图，只要是客户喜欢的东西就好。

市场上的刮刮卡奖品种类很多，广泛使用的有刮刮卡、剥剥卡、充值卡、密码卡、消费券、积分卡等。

在利用刮刮奖进行动销的过程中，不要忽视了未中奖群体，尽量布置一些小奖项，争取让每一个客户都能获得奖品。

毫无收获，客户肯定会因此不满，这样一来，我们就很难把产品二次销售给这类顾客。与其如此，不如人人都有收获，只是大小、梯度有所不同。

顾客一旦买了1盒产品，他就有机会中奖。小的奖项，可以设多一点，强化顾客的参与感，促进销售。

10. 限量版产品

　　打造限量产品，是塑造产品档次、强化营销效果的重要途径。限量产品往往会让人觉得，效果更好、品质更优、档次更高，能够激起消费者更强烈的购买欲望。

另辟蹊径的限量版产品。

　　限量版产品和正常产品捆绑销售，可以促进限量版产品的销量。如果，限量版产品是滞销产品，那么，就变相拉动了这款产品的销量。

　　比如，我们是销售以护肤为主的产品的公司，那么，我们就可以出一组彩妆。出限量版的睫毛膏、口红或者是粉底液。

粉底液、睫毛膏的消耗比较慢，返单也慢；口红、眉笔……可能受益比较多，但是，不太适合作为主推。考虑到顾客的消费能力和顾虑，我们就要去做一些限量产品，带动顾客的消费欲望。

做好限量产品后，通常会有两种销售方式：

一种销售方式是捆绑销售。假如我们的限量版产品市场价是98元，那么我们就规定，现在花108元或128元，就能获得一个礼包。这个礼包里有一个限量版的产品，外加一个不好销售的产品。

另一种销售方式就是直接销售。现在代理正在销售的产品本身就有利润，推出限量版产品，就会吸引大量客人，从而增加客流，这样还能帮助公司合伙代理去出一些不好出的货。

不管哪一种销售方式，在运作过程中，一定要注意限量产品和主推产品之间的产品功能互补，不能出现产品功能冲突或重复。其次，在推出限量产品的过程中，要做出营销文案，让顾客更为熟悉产品。

　　在操作手法上，每次推出限量产品，尽量空缺出 3～5 天的熟悉期。在熟悉期限内，以增加主推产品的曝光度为主。

11. 以物换物

以物换物，是一种重要的促销方式，也是一种加速产品流通、增加产品知名度的方法。

以物换物的促销方案，在微商里很常见。

品牌方为了更好地招商或者出货，都会长期组织以物换物的活动。

有些品牌为了招商、出货，就会组织这样的活动，因此，在做微商动销的过程中，我们也可以考虑这样的活动。

比如，顾客或者代理，手里有一些即将过期，或者卖不掉、用不完的产品，我们可以根据产品价值，去给代理归类，哪些产品目前还能值 10 元、20 元或者值 30 元到 50 元；哪些产品可以再销售，价值会多一点儿；哪些已经无法销售了，价值会低一点儿。

相当于我们把市场上代理或者顾客手里囤积的货，做一个初步的判定，然后再根据旧货库存价值多少，让代理或者顾客拿旧货库存的产品跟我们换货。

比如，代理或者顾客手里有洗衣片，洗衣片市场零售价是几十元一盒。代理拿货价也要十几元一盒，那我们也可以以十元价值进行折扣。

如果洗衣片难以销售，代理或者顾客觉得化妆品不错，想购买化妆品，那就可以用一盒洗衣片抵 10 元。假如 10 盒洗衣片价值 100 元，那么代理和顾客就可以用 10 盒洗衣片，抵扣 10 盒化妆品总价格中的 100 元。

有些产品滞销以后，代理的库其实很难出掉。因此对代理来说，我们帮他们回收了不好卖的库存商品，那么他们给我们 10 盒洗衣片，自己拿回去 10 盒化妆品，不管以后是销售还是自用，对他们来说都是很划算的。

用这样的方法，代理在出货的时候，只是给别人适当的优惠了 10 元、20 元。对代理来说，他们用这种方式招小代理是没有问题的，只是利润空间薄了一点儿，但可以去促进销售，又可以招收一些小的代理或者招徕客户，所以以物换物，其实算是两全其美的一种方式。

12. 满送

　　满送活动，实际上是抓住人们"占小便宜"的心理，着重强调了产品的优惠价值，吸引大量的消费者前来消费。

满送满减活动主要针对的是零售客户。

　　一次性购物满多少钱，就可以赠送什么产品。当然，赠送的产品，是公司指定的产品。

　　这个促销活动，可以促进顾客的消费，可以更快地把自己的存货销售出去。

满送是什么意思呢，就是完全针对零售。一次性购物满多少钱，送什么产品给顾客。一般都会送一些公司指定搭配的产品。

　　比如：我们公司是做化妆品的，就会做一些化妆刷的刷头、化妆品的名片、一次性美容巾，还有女生常用的小杯、化妆包之类的小饰品。这些赠品对顾客来说，既实惠又实用。

　　通过这样满送的方法，可以促进顾客的消费。本来只想买1瓶，因为有满送的活动，顾客就会一次性购买较多的产品。这对我们代理来说，可以更快地把货消化掉。

13. 满减

满减，与满送概念逻辑相似，只是在形式操作上，以减少支出为主。在采用满减优惠时，往往能快速提高出货量。

满送和满减的逻辑思路相似，具体操作方向却是相反。

满送是指顾客一次性购买产品满多少规定的金额，送一份礼物。而满减则是顾客一次性购买产品满多少规定的金额，直接给顾客减免优惠多少金额。

满减跟满送是两个思路：

满送是满多少金额送你额外的礼品，价格上是没有优惠的，比如，买 100 元，送一个价值 10 元的产品；

满减则相当于在价格上做了一个优惠，比如说顾客买 100 元的东西，我们减掉 20 元。相当于从总的成交金额里优惠了 20 元，也就是打了八折。

不管是满送还是满减，我们都希望代理在出货的时候，可以一次性地提高销售额和营业额。

满送不会影响市场的价格管控，但是满减就会引起市场价格管控的波动。因此销售者要根据实际情况考虑，再决定采用哪种方式做动销。

14. 套餐促销

　　套餐促销，目的在于将产品组合化，带动不同层次、类别的产品统一销售。特别是有滞销产品、新品时，可以起到一个相互带动，促进良好销售反应的价值。

　　套餐越大，出货越多。

　　套餐促销，跟满送、满减又不一样，是另一种思路。

　　满送、满减都是相对粗暴和直接的一种促销形式。而套餐是要根据每个品牌本身所卖的产品去专门设计。

　　做套餐促销活动，不但帮助顾客做了适合他们自己的选择和组合，还帮助代理以套餐的形式来出货，或者以整个疗程来出货。

套餐是由公司或者代理自己来组合，相当于不管卖什么产品，都有套餐或者疗程产品。比如，洗衣片，我们估计一个家庭一个月可以用几盒，为了让消费者一次性多买几盒，可以采用组合的方式，10 盒价、20 盒价或者是季度消耗的一个套餐。

化妆品我们都会去组合，比如，美白的套餐、用于祛痘的套餐，还有用于抗衰的套餐。我们把每个套餐里面的产品设计好：包含哪些产品，如何使用。

这样可以帮助代理更多地促进他们的销售额；对顾客来说，也是减少他们在购买时的犹豫和纠结。

女性顾客在购物时，总容易纠结，因为什么都想要，看多了之后，就不知道自己要什么。

做套餐的活动，不但帮助顾客做了选择、组合，还帮助代理以套餐的形式来出货，或者以整个疗程来出货。

套餐跟满送、满减的区别在于，满送、满减都是相对粗暴直接的形式。套餐还要根据每个品牌本身所卖的产品去设计。

卖减肥产品也是一样的，比如，想减掉 5 斤有什么样的套餐；想减掉 10 斤又有什么样的套餐；易胖体质的人，想减掉 20 斤，又需要什么样的套餐。每个套餐有多少盒产品，怎么吃、怎么用，价格又是多少。

也就是说，卖的套餐越大，产品配得越多，优惠的力度、赠品也会相应地多一点儿。

15. 分期付款

分期付款是现代商业的常见的促销手段，常出现在信任度高、人际关系良好的交易场景下，需要微商对客户有充分的信任和了解。

分期付款是先收部分资金，再分期付款的促销方案。

由于客户已经进行了首期付款，因此各位代理的销售风险就解决了。

这种促销方案，适合资金紧张，但又对产品感兴趣，希望能马上购买到产品的顾客。

分期付款的理念来源于信用卡，顾客不管在店里消费还是在淘宝消费，如果使用信用卡，就可以在刷卡后分期付款。

微商都是通过微信或者支付宝转账，转账使用不了分期付款的功能。

于是，我们就想到了这个办法。我们在销售套餐、疗程时，成交金额会高一点儿，比如，六七千元。对于这种金额，有些顾客就会纠结，他们可能是因工资没发，现有的钱不够，或者有些宝妈本身资金就比较紧张，那么，我们就可以采用分期付款的方式去处理。

我们提出的分期付款，到底是个什么概念呢？代理在零售产品的时候，赚的是差价。

如果我们代理无等级，那么他们进货的价格折扣，就相当于零售价，比如说五折或者六折。

举个例子，假如我们卖了500元的产品，我们以六折去计算，也就是500元乘以0.6，等于300元。

也就是说，当顾客资金紧张，钱不够又纠结时，我们就可以先收回顾客六折的钱，这个钱就相当于代理进货的成本。

先把资金收回来，再给顾客约束，就是让他分期付款。当然这个前提是，代理是把产品销售给熟人。

在这种款没付清的情况下，我们的代理是没有风险的，因为首期付款一定是先把货款收回来，至少保证自己的钱是不会亏了。

16. 免费代理

免费代理，是对品牌活化度、客情度、陈列等多种元素的综合扩展，强化了品牌在现有领域的影响力。尤其是在直面消费者的终端，扩展代理才是我们采用这一动销方式的终极目的。

我免费，你代理。

送"免费代理"资格的促销活动，是希望意向顾客能尽快地做决定，开始做自己产品的代理。

这类活动，对于公司、代理而言，是一种双向的盈利。即使是最低层级的代理商，也推动了自己的销售更进一步。

对公司来说，相当于对顾客做了一次买一赠一的活动，送顾客一个免费大礼包，或者是免费试用资格。

并且，后微商时代，微商已经广泛扩展为最零散、最广泛的组织团体，最小的层级往往都是零售客人。比如我们品牌的最低层级，3 盒就可以做代理。3 盒代理，其实 99% 都是顾客性，他们可能都是为了自用便宜。

那么，为了做促销，我们希望可以有很多人，或者说曾经的意向顾客，可以尽快地做决定，选择做最低层级的代理商。

做这么一个活动，也就是让顾客拿 3 盒产品，进入我的代理团队的群。但是群里面要有要求，比如，每天必须发 3 条朋友圈。发朋友圈的内容都写好了，代理只要照抄就好了，然后呢，代理必须定期听课。

顾客拿 3 盒，就可以代理。可能只要买几百元的产品，就可以享受几次价值多少元的课程，让他们每天按要求去发朋友圈，坚持 45 天后，3 盒产品肯定会用光，公司就再送 3 盒产品。

这样，相当于终端顾客自己也免费使用到了产品。

虽然这对公司来说，成本较高，但由于我们做出了相对应的规定，因此这一举措对于我们实现最终目的是非常有利的。

假设我们这次活动可以拓展 100 个人做免费代理，那么在这 45 天内，就有 100 个人会在自己的朋友圈推广我们的产品，然后这 100 个广告里可能会有大部分人会为了拿到 3 盒免费的赠送，而去定时听课。

而且这 100 个人当中，会有很多人因为认真学习后积极发朋友圈，这样他们就会有销售业绩，那么这 100 个人里面就会有升级。

因此，我们虽然做了一个免费送大礼的活动，或者说免费试用活动，但是这个活动首先促进了销售，其次我们可以通过15天或者一个月的培训、受训管理、氛围来促进部分人升级。

对于有一些并不是那么想做微商的人来说，当他们受到了实惠，发现自己只要去听课，定时发朋友圈，就能免费领到产品，那么其实他们在不知不觉中，已经成为微商的初级代理。

在每次的代理转化过程中，无论代理后期的收益、销售业绩如何，公司都不用担心亏损，因为公司已经获得了先期利益。

并且，每个人在代理初期，都会特别积极地进行转化、推广活动，进行个人成长的尝试，那么这也是一次对公司品牌推广的有利机会。

17. 红包群

红包群是活跃终端的重要途径。在红包群内的群员，都是我们的顾客、代理。发放红包，是最容易引起顾客、代理的注意，以及群体讨论的手段，经过多次的社群转化，我们就能够收获有效流量。

红包群操作方便，不管是哪一级别的代理，都可以操作。

红包群促销，就是把自己的顾客拉进一个群，然后，根据利润的多少，拿出一部分金额在群内发红包，促进自己产品的销售。

这一操作手法，是微商常用的。顾客只要任意买 1 盒我们品牌的产品，我们就可以把他们拉进我们的红包群。

在红包群内，不定时会下红包雨，红包的额度根据品牌的利润空间来定。

假设我们的产品每 1 瓶零售价为 150 元，一个红包群限制人数是 500 人，150 元乘以 500 等于 75000 元。那么通过这样一个红包群，我们就可以实现 75000 元的营业额。

不管是公司还是代理，我们只需要算好 500 盒产品的利润，以及我们愿意分多少利润来促进团队的动销就好了。

比如，我是一个公司的总代，我的进货价是 70 元，我卖给我的团队可能是 80 元，他们去卖货，每卖一盒我就有 10 元的利润。

如果他们每个人都去出货把人拉进来，加满红包群，那么我的利润就是 10 元乘以 500 等于 5000 元。

最后，在红包群里下红包雨，就要看总代愿意在 5000 元里面，花多少钱发红包。

不管他（她）是发 500 元还是 1000 元，对团队来说都很开心，对顾客来说也很开心。他们买产品本身只花一两百元钱，这一两百元既能让他们获得产品，又能进群抢红包、认识新朋友，顾客心里就会觉得很划算。

另外，红包群操作也很方便，不管是公司还是代理自己都可以操作，包括团队老大也可以操作。

如果是代理自己操作的话就更简单了，比如说产品进价是

80 元，我可以卖 90 元。

　　假如我个人卖出 100 瓶，我就建个群，拉人进群分红包，直接从利润中抽钱发红包，我愿意分多少钱就发多少钱的红包。

　　关于红包群加人，要注意的是，可能前期你并没有卖出很多货，因此拉进来的人也很少，有些人没耐心，等不到群里满 100 人就退了。

　　那这时候销售者可以适当调整发红包的规定，只要有 30 个以上的人，就先发点小红包，然后把自己的截图和介绍发群里，让群员发朋友圈后截图给你，你再给他发定向红包。

　　只要来一批新人，就必须发一次。最好找一个朋友专门帮你发名片。我们主要的目的是让他们截图到朋友圈，给你带来二次转化，吸引新的粉丝加你。

　　后期如何转化这部分非顾客、代理的社群，将会是重要的部分。不过，转化得当，也能够为你创造出更高的价值。

18. 节日促销

节日促销概念，是利用节假日带动人们的消费热情，从而创造出顾客开心，商家获利的双赢局面。

小节日可以做大文章。

一年 365 天，包含十几个大大小小的节日。因此节日促销是一个经久不衰的炒作话题、促销话题。

我们可以根据每个不同的节日，提前设计和策划节日促销活动。节日营销临时抱佛脚，必然错失良机。所以，做好节假日营销需要早早出方案，做好优势和劣势的分析。同时，方案一定要有创意，没有创意的主题和活动如同失去灵魂的肉体，起不到丝毫的吸引力。

促销要选合适的产品，客户喜欢的才是合适的产品。那么我们怎么知道客户喜欢什么产品呢？

我们可以在活动之前做一个点赞的测试，让朋友跟客户在朋友圈里点赞，选出大家最中意的产品。这样做，第一可以知道哪款产品受欢迎；第二可以调动客户参与的积极性；第三也可以当作是提前为活动做预热，引发更多人关注。

一年当中，不管是中国的传统节日，还是从欧美国家流传过来的节日，都慢慢地变成了购物的节日，商家都会在节日中，做很多相应的活动来促进成交。

微商也一样，我们可以通过朋友圈营造浓郁的节日氛围。比如，即将过春节了，我们可以筹备年货，就是通过筹备年货的这个过程以及过年春节的氛围来营造一个节日促销。

比如，中国人在春节期间都会贴春联，或者挂一些很吉祥的东西，而春联很有讲究，如果春联很普通，顾客就会觉得很廉价。我们可以挑选一些品质好的春联。

试想，顾客在即将过年的时候，即使产品没有用完，但是看到我们有这样一个活动，觉得他除了买产品以外，还能得到额外赠送的春联以及一些挂饰。那么顾客会觉得自己不仅买到了产品，而且买到了一种吉祥，一种祝福，一种喜庆的氛围。因此，在节日里搞活动，更能促成交易。

除了春联，我们还可以做一本很精美的台历。我们可以量身定做，将品牌或产品植入其中。需要注意的是，台历不能用纯广告画，而是要软植入。我们可以设计几种风格不同的台历。

比如，这个团队做的是养生产品，那么，这本台历里面就多一点儿养生文化，还有节气养生的提醒。在养生的氛围里再去植入产品，那这本台历就很适合顾客。

举一反三，化妆品的台历就不能这么设计。化妆品的设计需要精美的海报、护肤的提醒。比如春季要提醒人们如何防止皮肤过敏，到了夏季就友情提示人们如何防晒。要根据品牌和产品的属性以及顾客的人群划分去设计台历。

关于节日的话题很多，除了春节，还有"三八妇女节"。妇女节就更好做文章了，不管是卖私护、化妆品、足贴还是内衣，这样的节日都有很多方法去操作。

还有儿童节，虽然说微商的客户群都是成年人，很少有人去买儿童产品，但我们依然可以做。我们可以搭配一些儿童的小玩具，在网上去找一些合作商家。在儿童节前几天就开始做广告，比如，买一套化妆品赠送一个价值 390 元的儿童车或儿童玩具。

微商本身的消费人群就是宝妈，她们觉得不仅自己有产品可以用，还可以送给宝宝一份儿童节礼物，真是两全其美的好事。

情人节也一样。我们可以提前做一些广告。有些女生可能会自己买，我们更希望成交的是男性顾客。让他们把化妆品或者说女生常用的产品当成礼物来送。

我们可以提前设计一些情人节的礼盒，里面除了我们的产品之外，再搭配一些玫瑰的干花或者巧克力。

我们要去跟品牌方合作，如德芙，这样的话，产品本身零售价108元，礼盒成本加上巧克力的成本，假如是250元，通过这个礼盒可以卖到290元。为什么呢？因为里面有心意。

当然，里面除了心意，还有情感的附加值以及服务价值。

我们把这份礼盒包装好，再去打印一些卡片，比如男客户买了以后，他想给他的女朋友或者另一半写一些话，我们打印下来或者找字写得好的朋友手写，然后在情人节这天替男客户送出去。

因为他自己不用动脑筋，不用去想怎么搭配，有人帮他把礼盒、产品选好，贺卡也做好，那么，男性顾客就很愿意花超出平时正常购买你产品的钱去消费你的产品。

这个就是节日促销。节日促销是一个大课题，我们可以根据每个节日去提前设计和策划，而且每个节日一要考虑自用，二要考虑送人。

每次做节日促销前，永远要注意两个关键点：产品如何促销？产品促销的主体是谁？

就像上文涉及的儿童节、情人节，节日主题和主要消费群体并不一定会一致。我们要通过合理的方案，进行节日消费人群的转化，避免节日购物成为无端的消费附庸。

19. 线下合作

　　微商与线下店铺合作，一方面是为了强化销售渠道；另一方面，是为了改变产品推介的范围。与线下实体店铺的合作，能够强化微商的品牌，是非常好的渠道合作之路。

线上线下同步，双管齐下促销。

　　线上线下同步搞活动的促销方案，适合微商区域操作，就是在本地、近距离之内搞活动。

　　线下实体的合作，可能针对本地市场多一点儿。但是，绝非线下实体铺货这么简单，线下实体店铺的运作依然离不开动销体系的借力。

比如，我是做化妆品的，我肯定会找一些跟美容相关的行业合作，像美发、美甲，还有微整形等。只是，在合作方向上，会有一定的甄选。

注意两个方向，一个方向是比如本地的经销商、本地的客人，我们去找本地的店铺合作；另一个是，我们找到一些店铺去合作，跟这些美甲店、美发店拿一个内部价格，或者去当地好一点儿的店去办一些贵宾卡。

我们跟这些实体店有了合作，或者在他们店办了最高等级的贵宾卡以后，本地的客户购买我们的化妆品，相对消费高一点儿。购买的产品满2000元，就赠送价值2000元的一个项目，项目是跟当地最有名的什么店合作的。

具体一点儿，比如顾客今天消费满2000的化妆品，自己就预估下利润。比如，零售利润是50%，1000元的利润，那我可以拿出300元或者200元去做活动。

我们去找当地的美甲店，去办一张300元或者500元的卡，这卡可能是原价买来的，也有可能是优惠买来的，还有可能是在美团团购的。

例如，当地有个美甲店，原价180元的美甲在美团上18元可以体验一次。那我们的价格就是18元钱。我们名义上送顾客价值180元的美甲，实际上支出是18元，到时候顾客跟我们购买的产品，只是要通过两个途径：

第一，我们陪同顾客去做美甲，因为是本地客户，为了促进感情，也为了提高售后服务的质量。

第二，是我们直接把美团券的密码给顾客，让他们自己去做。

两种方式比较而言，更推荐第一种。这样会让顾客感觉虽然没有在店铺消费产品，但是不仅送了美甲，还陪着聊了天，而且还帮忙送产品上门，体验感又好，顾客又觉得很划算。

同样，像美发、美容卡也是一样的，一是我们可以在美团上团购，二是可以直接去办一张VIP卡，或者办张优惠卡。

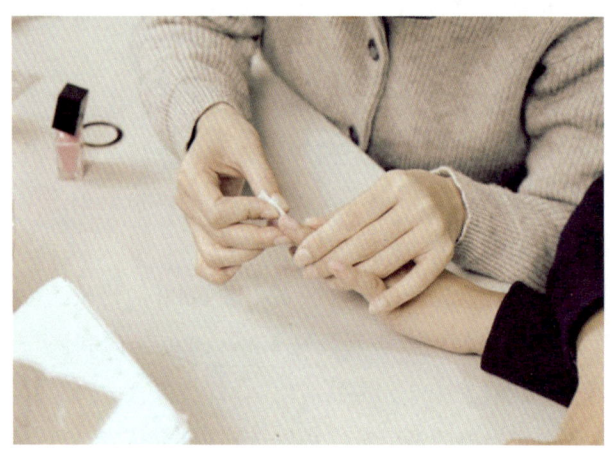

刚才我提到美团的案例，其实办VIP卡也是一样的。很多美发店首次充值都会有5折，甚至更低折扣。我们先去美发店办张VIP卡，购买我们产品的顾客，产品里面可能正好有洗发水，购买3套赠送当地一家知名店铺的发膜理疗。

同样，我们给顾客送货上门，并约顾客在某个地方做美发的发膜理疗。这样顾客不仅买到了产品，而且享受到了服务。而这张卡，是我们在美发店充值得到的一张优惠卡，很便宜，对顾客来说也很实惠。

　　我们一直用这样的方式去招代理，为本地的顾客服务，效果都非常好。让顾客不仅觉得购物超值，而且觉得售后服务特别棒。

　　足贴也是案例，虽然我们没有做足贴，但我们可以跟盲人按摩、理疗店、艾灸馆之类的实体店合作。

　　顾客购买了我们的养生贴、艾灸贴等产品。我们只能给人卖这个膏药贴，但实际的理疗效果肯定没有实体的好。

　　我们可以去那些店谈合作，比如，顾客买多少贴，我们就送他们一套肩颈疗程。我们把卡给顾客，让他们自己去消费。这样会让当地的VIP客户们觉得整个体验感非常好，而且很实惠。

　　线下店铺的甄选原则共有五条，这里也一并介绍给大家：

　　（1）尽量找熟人朋友，充分利用好自己身边的资源；

　　（2）就近原则。选择你家附近的店铺，或者你经常去的店铺，这也方便后期客情维护；

（3）尽量选择小而美的店铺，这样你的产品放进去，也能立刻提升价值感；

（4）互补。找和自己产品的消费人群相似的店铺，和店铺经营的业务不冲突的。

例如：奶茶店、童装店、美甲店、服装店、美发店等等，如果你是卖面膜的话就和他们自己的产品不冲突，但目标消费群体一样。

20. 虚拟产品

　　虚拟产品同样是动销的重要组成部分，但是，因为虚拟产品的价值属性不同，对于客户的推动力不能一概而论。做虚拟产品动销的过程中，要紧跟热点，尽量抓住客户"眼球"。

小礼品大效果。

　　购物送虚拟产品，是一种新奇又好玩的促销手段。

　　最为常见的方式是：送电影票活动。

　　现在经常会有新上映的热播电影，但是对顾客来说，有些人可能不喜欢去电影院，还有些人可能因为忙没有时间看电影。

但是，朋友圈又总在刷什么电影好看，这样顾客也会好奇。

我们就可以去找一些网上的电影资源，顾客购买我们的产品，我们就可以赠送他们一部电影资源。虽然说东西成本很低，但顾客不是贪图赠品的价值，而是觉得最近上映的电影很热门，新奇又好玩。

另外一种虚拟产品，就是电话卡，或者线上的一些服务。

比如，正值过年期间，顾客购买产品，我们送50元的电话卡，并且帮他们把话费充值好。到了春节大家电话多，短信发得多，尤其是出去玩的情况下没有WIFI，一不小心就会用超流量。这时候我们帮忙充话费，顾客就会觉得这样很好，不会讨价还价。

又或者，腾讯、优酷线上看电影会有VIP限制，去线上买产品的一些宝妈，会花很多时间去看朋友圈、看电视。所以我们就送一些腾讯VIP的包年会员，这样她们就会很喜欢。

购物送虚拟产品这样的促销也比较新鲜，微商多数只知道打折、买一送一、送赠品，送礼物……而我们花多些小心思，送虚拟产品，这在微商中还是比较少见的，所以这种方法在动销以及复购体系里面用的话，效果都非常好。

做虚拟产品的促销，要注意一点：就是虚拟产品的促销要更注重普适性，在价值甄选上，要适合更多人，避免过于小众，营销效果不足。

21. VIP 身份

VIP 身份是提升客情度最关键的手段，无论是顾客、代理，对于 VIP 的特权、回报都会有一定的向往，当他们成为 VIP，对于公司的忠诚度也会更高。

VIP 能让顾客成为忠实的消费者。

不管是送顾客 VIP 身份，还是让顾客买 VIP 卡，都是服务与动销的一环，让他们在不经意之间成为我们产品的分享者。

这种方法，比较适合那些传统的、不太会刷朋友圈的客户。

VIP 思路得益于实体操作，比如：实体店都会有先充值成为什么等级的顾客，就可以享受什么样的折扣。

但是，做微商，我们这个思路要有升级和创新，主要表现在两个方面：

第一种就是授权顾客 VIP 身份。很多传统的客户，是不太喜欢微商刷屏的，他们可能不太喜欢微商囤货拿代理身份的模式，这样会对他们造成压力。他们不想发货，也不想卖货。

而授予 VIP 特权，相当于变相开发代理，能在淡化这种影响的情况下，转变别人的传统思维，让他们觉得自己不是微商，而是身份尊贵的 VIP。

微商一般都会设置小代理的级别，这种级别的小代理其实就是自用加零售的代理。

我们在针对一些不想做微商的顾客时，把称号、话术改掉了，就相当于我们不是招商，而是让他们做 VIP 客户。

我们可以采用私信、美丽顾问等形式，与客户进行交流。

比如，我们的顾客要定制 3000 元的美丽顾问，那么我们在与对方交流时，就是让他们一次性交 3000 元做我们的 VIP，以后他们再拿产品，一律享受 6.8 折的优惠。

第二种就是买 VIP 卡。比如，要买我们虚拟的 VIP 卡片，就需要顾客一次性交 300 元，那么他们就成了 VIP 客户，享受全部产品的八折优惠。

其实这个思路，就是把微商一件代发的理念稍微转变了一下。我们从刷屏转化为分享，就是弱化了营销的影响，使顾客有一种更深层次的参与感。他们并不会认为自己是微商，但是，同样担当了部分代理的工作，反而让我们能够占到一些便宜。

在手法上，我们除了给VIP打折以外，一定要有一些附加的服务。

比如说：我们可以提供定期的售后、回访等服务，以及赠送专门的试用装，在过春节或其他重要的节日里，可以送小礼物，通过增加特权的形式，凸显顾客的VIP身份，让顾客觉得做VIP很不一样，今年做VIP，明年还想做VIP。

这种动销方法，好处在于它不是一次性的，它可以让部分人持续地当我们的顾客，成为我们忠实的消费者。

22. 专业课程

专业课程，是一种产品促销的配套福利，同时，也可以产生配套的长尾价值，吸引更多用户关注产品和品牌。

专业课程，值得拥有。

专业课程，可以在顾客购买产品时赠送他们，体现了我们产品的专业、品牌的专业以及服务售后的体验感。

微商里面的产品，不管是健康产品、美妆还是日用品，每个产品的背后都有很多专业知识和体系。比如健康产品、保健类的酵素胶原蛋白，还有燕窝这类内服的产品等。

微商里面需要消费产品的顾客，他们更希望你的产品是很专业的、可靠的、安全的。基于这个思路，我们出了一个专业的课程，可以双向性地使用这个课程。

这类课程主要采用两种形式：

第一种，顾客购买了产品，就可以进我们的一个群里去学习专业的课程。比如，顾客购买了我们的化妆品，他们可以进群学习专业的护肤知识以及化妆知识。

如果顾客购买了我们的产品，就送顾客课程。课程是有价值的，一定不能免费，因为我们都是双向的。

第二种，比如，课程价格是198元四节课，顾客购买了产品，我们就赠送198元的课程。在这课程学习过程中，如果顾客学到了知识，并且用我们的产品化了一个美美的妆，最后晒成果，比如，发朋友圈，那么顾客花的198元在学成之后我们将予以退回。

这样顾客就会心甘情愿地花这笔钱去听课，并且通过课程感受到产品的品质和我们的服务。

又例如，顾客购买了减肥产品，他们可以先花钱进群听减肥的课程，再跟着课程实施减肥计划，如果顾客成功减肥5斤，只要把减肥5斤的截图发朋友圈，那么，这个钱就退给顾客。

通过这种方式，既能体现我们产品的专业、品牌的专业以及服务售后的专业，又能够用这个钱去督促客户学习、执行，很好地呈现我们产品的效果。

除了购买产品送课程，我们还可以反过来用。

比如，有个美妆课程价值198元，老师很专业，并且拥有一定的知名度，顾客购买课程，在学到多少课以后，198元就可以变成购物券，只要课后购买了产品，比如，购买产品满500元，就可以退198元。

这样，我们就可以吸纳一些对产品本身感兴趣的人，而且顾客花198元能够学到知识，不管买不买产品，通过课程，他们都能了解到产品的专业、我们的技术以及品牌的服务。

通过对这些的了解，顾客明白购买课程没有风险，他们花198元听完课程后，也会想买产品，198元还可以折合成购物券抵扣，非常划算。

如果客户进群没有购买，也没有关系，因为他们花 198 元听了我们的课程，讲课老师服务的利润也是可以赚回来的。

同时，能花钱进群的客户其实都是我们的客户和准客户，我们后面还可以运用一些社群运营的思维，让这些有效的精准客户在群里面保持活跃，能时不时地感受到群里的氛围。

比如，通过发红包、抽奖之类活动，让这个群维持高度活跃。不管他们有没有购买，我们都能在群里面，让他们产生再一次购买的念头。

23. 产品免费送

产品免费送活动，是针对生命周期较短的产品做出的价值最大化，利用"免费送"这个概念，活化产品的价值，创造潜在客户群体。

产品免费送，是一种另类的跟风，也是一种很好的促销方式。

特别在一款产品特别火的时候，使用这个方式促销，是让我们稳定团队的一种好方法。

　　微商有时喜欢跟风，如 2016 年的洗衣片很火，很多顾客就问有没有洗衣片卖。

　　很多品牌会进入一个误区，什么产品火了微商就应该去卖什么产品。

　　但我不这么认为，我反而认为，像这样的产品火过之后，就很难有长期销路，我们要把这个畅销产品当作工具来用。

　　就像刚才我举的案例，我们做品牌，看到洗衣片很火，但是洗衣片跟化妆品不搭，因为它们不是一个体系。

　　我们不可能将化妆品搭配洗衣片去卖，但是我们的代理和客户都想买，我们为了稳定客户和代理商，该怎么办呢？

　　我们可以去购买一些洗衣片，送给顾客和代理。这样既满足了顾客和代理的好奇感，也不会流失客户和代理，因为他们可以把一个畅销产品当赠品来送。

24. 有奖问答

有奖问答，实际上是基于客情度做出的活跃化营销手段，主要通过奖励、活动、游戏性来强化微商与顾客的关系。

有奖问答能增加朋友圈的互动效果。

通过有奖问答的活动，可以增进我们跟顾客的关系。与此同时，增加了顾客购买的可能性。

我们可以先在朋友圈发起一个互动游戏：今天感恩回馈，做一个有奖问答，一共 10 个问题，每答对一个问题就可以优惠 10 元或者 5 元，额度可以根据自己产品的利润空间来定。

这样的话，可能会有很多人有兴趣，我们不仅要发朋友圈，还要私信发给所有的老客户，让更多的人参与这个游戏。

游戏结束以后，我们把自己产品的卖点，加上平时发朋友圈的一些内容。比如，10 个问题里面，可能有 3 个是最近的热门话题，有什么电影很火、哪个明星的绯闻等。再出几个跟产品相关的问题，几个日常生活的问题，比如，好吃的、好玩的。

每次活动之前，我们先甄选 10 个问题，比如，我找李老师玩小游戏，先问他 10 个问题，如果他答对了 5 个，我就会告诉李老师，他有 50 元现金券存在我这里，他随时都可以在买产品时使用。

这其中的问题，老顾客可能会了解一些，新顾客可能就不知道。不过没关系，我们本来也不是要求顾客能全部答对，只是让他们觉得好玩、有趣，又有当下的热门的话题，又可以互动，所以，通过这样的活动能增进我们跟顾客的关系。与此同时，增加购买的可能性。

如果顾客全部都答对了，就是优惠 100 元，如果面膜定价80 元，那产品就等于免费送了，所以我们还是要设置一些比较有难度的问题。

25. 逆向思维配送

逆向思维配送是基于产品周期，通过其他类别产品带动，结合节假日消费、冲动消费等概念产生的一种促销模式。

逆向思维配送产品的活动，适合去动销一些平时难卖，而且价格相对较低的产品。

不管做什么品牌的微商，由于品牌不同、产品不同、参与的人不同，多少都会导致手里有一些比较难卖掉的产品。

因为这些代理商朋友圈的资源已经开发过度，比如，他（她）手头的洗衣片或者某款面膜，就很难卖了。

如果我们依然拿这个面膜来做各种活动，就是在过度消费人脉圈。这时，我们千万不要拿这款比较难卖的产品再做任何促销活动，而应该反向思维，当然这个也要结合我们的节日。

举一个案例：一个微商手里正好有一款洗衣片很难卖，可能囤货多、产品已经过时了，或者身边资源都满了而没有用完，但我们又希望收回资金。

这个时候，我们可以自己设计销售方案，假如说现在正好过年，可以去淘一些品牌年货，比如，过年送礼物：酒、小吃之类的，我们去找厂家、品牌方或者淘宝谈一个优惠价。

倘若一个坚果礼盒的市场价格是 198 元，因为多拿有折扣，所以一次性拿 100 盒，最后的拿货价格是 150 元。

我们可以这样反向做活动，不再推洗衣片，而是推这个礼盒。我们可以这样说：我跟某某品牌达成合作，市场价 198 元的坚果礼盒，现在只需要 180 元即可得，并且附赠一盒洗衣片。采用这样的方式，顾客首先不会把目光放在洗衣片上，因为别人买过了不会再要了。

总之，去卖一个市场需求量大，或者正好最近又很应节日的产品，拿一个比市场价优惠的价格，让自己在不亏钱的情况下，把不好卖的产品动销出去。

之前我们做过一个这样的活动，效果就很好。我们跟天猫企业店铺合作，拿了一台家里很常用的烤箱。市场价要 580 元，我们在淘宝上谈到的内部价是 200 元。

然后我们就卖一个烤箱，附赠两盒其他的产品。通过搭配好的东西，把不好卖的货销售掉。

26. 开发公益

公益活动类型，其实也是一种打造产品形象，增强产品的影响力的方式。通过公益活动的热度，往往能在短时间内扩散品牌的知名度，制造一定的口碑效果。

开发公益，一举多得。

我们通过开发公益项目，不仅卖了产品，还邀请了更多的人参与公益事业，提高了自身的形象。

很多平台，比如支付宝里面就有一些公益项目，我们通过搭载公益的方式也能做很多促销活动。

这个也很简单，但有些公益平台里面是有额度要求的。我们先自己研究好，再倒回来看公益项目。

举个例子，如果这是跟儿童有关的公益。我们首先在朋友圈做一个与儿童主题有关的公益项目的宣传。然后，表明自己想投入这项公益事业，也希望更多的伙伴可以投入公益事业。

把这个活动宣传好了以后，就可以在朋友圈，通过私信、社群去宣传，在某个时间买我们的任何产品，成交金额或者拿出一部分钱，投入到这个公益事业里面。

这个我们叫实时播报，同时也要学会去夸客户，比如，今天李老师看到这个活动被深深感动了，正好他也需要买一盒面膜，就立即购买了，那我们要感谢李老师。

我们通过这个不是卖产品，而是邀请更多的人参与公益事业。试想，如果我们纯粹让别人的朋友捐钱，对方可能觉得我们不熟，没有信任感，也不会轻易地捐钱。

通过这个公益活动，一是让他们享受了产品，二是又做了公益这样的活动，那就可以消除对方的顾虑，达成成交，这样就两全其美了。

还是那个案例，李老师看到我们在做公益，他很感动并想贡献一分力量。于是，他购买了一盒价值 100 元的面膜，我们就会截图宣传：李老师加入我们的公益活动，他购买了一盒 100 元的面膜，我马上拿出 20 元，捐到某公益事业里面。

截图发朋友圈的作用，一是感谢李老师，二来也让他感到买这个面膜不仅为了自己，还为了别人，他的奉献精神让人感动。

这样做的话，李老师肯定会很开心，有可能再一次转介绍别人来参与此活动。

我们发了这个朋友圈以后，要去支付宝把 20 元捐出去，然后再一次截图发朋友圈宣传。

这个活动可能维持一个月，我们不停地发朋友圈，然后做个总结：本人在活动期间共销售多少产品，捐公益多少元。

通过不停地晒圈、截图，我们就可以不停地吸引更多人来购买产品，以及加入这个公益项目。支付宝里面公益的事业还有很多。其实，利用当地的老人院、聋哑学校这样的机构，我们也能按照同样的思路去操作。

比如，在某期间销售额达到五万，我本人拿出 1 万元的纯利润捐给养老院，买了哪些东西，或者去孤儿院做慰问，一定要拍视频，或者图片，发到朋友圈，让别人见证我们确实是一个有爱心的人。

　　所以，当我们做了一次这样的公益活动，下一次还可以再做。不但产品卖了，而且自己在朋友圈的形象也提升了，真是一举多得啊！

27.转介绍积分

　　分享、转发是引流的重要途径，转介绍积分是将积分、转化、流量三者结合起来，充分挖掘产品的潜在客源。

　　转介绍送积分，可以更好地开发新资源，去拓展人脉，帮助我们动销。

　　这种方法适用于一些自己一直在自用产品，而我们认为他不适合做微商，或者说他们不可能做微商的客户。

　　也就是说，这种方法适合那些没有销售欲望、不愿投资、怕担责任的人。只要他们把资源带来了，我们去帮他成交，并且送积分给他们，比现金返点还划算。

现在微商很多人都在愁出货，原因其实很简单，自己的人脉资源已经枯竭了。我们朋友圈能开发的资源都已经开发过一遍，他们可能刚刚买完产品也不会再买，或者说有些人可能已经囤了很多货用不完。还有很多人自用可以，但不愿做微商，让他们去卖产品显得不好意思。

还有一些人不会发朋友圈，也不善于沟通。让他们做微商，他们自己很为难，要么没有精力要么没有信心去做，这样的现象不胜枚举。

但是，我们又特别希望那些人把他们身边的人脉资源开发起来，为我们所用。这个时候，该怎么做呢？

我们也可以按照传统的思路，转介绍，即他们不用做微商，但是用了我们的产品，也认可我们的产品、服务，可以帮我们推荐客户。他们推荐的人，由我们来销售和服务，不让转介人付出任何辛苦。

同时，推荐的人在我们这里购买了产品，比如，一瓶按 10 元或者 20 元积分，那么，转介人的所有积分可以在我们这里当现金抵扣，比如，他（她）推荐的人在我们这里买了几十瓶，那转介人积了 1000 分，这些积分是可以在我们这里任意地按零售价选购产品。

我们通过这种方式，就可以很好地去解决那些没有销售欲望、不愿投资、怕担责任的人。

这样不仅可以让他们去赚亲戚朋友的钱，又不让他们感觉尴尬，不用承担责任，也不辛苦。

我们可以很巧妙地设计积分，顾客的积分在这里是以零售价选产品，其实我们利润还是很高的，即使我们每瓶产品抵扣20元，再以零售价来卖，比我们实际给的现金的返点要划算。

所以转介绍积分适用于一些自己一直在自用，而我们认为他不适合做微商，或者说他们不可能做微商的客户。我们采用这样的方式去拓展人脉，进而帮助我们动销，增加客源。

另外，我们也可以不局限积分。就是不局限这个积分必须在我们这里买产品，因为帮我们推荐客户的人，多数感情还不错，给人家钱少，他们也不好意思要。这个时候，我们也可以主动地买个小礼物送给人家，礼物要体面，看起来舒服，顾客也有被尊重的感觉。

总而言之，我们要灵活地运用这些人。还要记得，在过年的时候推荐人比较多的顾客，送点儿金首饰或是年货，以表感谢。

28. 免费体验券

免费体验券并不是真的免费，主要是一种供客户长期消费的促销手段，避免让客户感觉廉价，从而升级用户体验。

免费体验券活动，看着是免费，其实不是。

这个促销活动一般适用于即将上市的新品，也就是给新品预热。

新品价格还没出，市场上还没有货源，而有些客户又等新品使用，就可以使用免费体验券这种促销方式。

这个其实也是一种动销方式，听上去是免费，实际上不然。

比如，顾客在我们这里消费，那么，为了一次性多卖几瓶出去，我们就可以设置一下，如果买够了五瓶产品，就送一个免费体验券。他们可以体验一个正在推的新品，或者体验一个一直咨询但没有买的产品。

如果顾客买什么送什么，送一瓶的话，让人感觉很廉价。但如果送一个免费体验券，就感觉是很正式的活动。比如，顾客一次性买五瓶产品，或者买满2000元的产品，就可以免费体验一个新品或者免费体验一个超值产品。这样让顾客感觉既然是免费体验，应该是一个很棒的产品。

这样的活动，我们一般用在新品即将上市的时候，也就是给新品预热，新品价格还没出，公司还没有货，有些客户又等新品。

那我们就可以让顾客成交我们有现货的产品，顾客买5瓶或者买满1000元，就获得一个新品的免费体验券，那么，当新品出来以后，就送他们一瓶免费体验，顾客就会很安心地把老产品买走，又等着配送一瓶免费使用的新品。

我们用这样的方式，可以解决一个品牌在推新品的时候，让他的老客户永远在等新品，迟迟不购买的问题。

29. 集赞砍价

集赞砍价的主要目的并不在于出售产品，更大的价值在于集赞之后的品牌传播，更注重集赞和制造产品的口碑。

集赞砍价，代理不仅卖出了产品，自己还有利润可赚。

顾客在他朋友圈集赞的时候，同时给我们的产品增加了曝光率。

当我们想推一个新品，或者我们有产品属于滞销状态时，为了促进产品的销售，我们就可以编辑好一段文案，并附上精美的图片去推广，而且这个力度一定得很大。

在产品零售价确定，利润空间允许的条件下，我们直接操作砍价活动即可。

举个例子，我们把广告发圈里后，李老师转发到他的朋友圈去集赞，一般情况下，只要集赞满了 50 个或者 60 个赞，就可以凭截图来优惠 50 元。

由于原先产品零售价是 120 元，进货 50 元，李老师平时购买的价格是 120 元，但今天有集赞砍价的活动，他觉得活动好、便宜，自己本身人脉圈子也广，就参与了集赞这个活动。当他积满了 50 个赞后截图发给我，我就以 70 元的价格出售。

通过这样的方式，不仅卖出了产品还有利润，李老师也以优惠价购买了，同时在他朋友圈集赞的时候，还给我们的产品增加了曝光率。

30. 变废为宝

变废为宝与回购旧瓶并不相同，这一举措主要是回收旧产品，相当于把原来的产品买回来，从而增加新产品的销售量。

变废为宝，就是有条件地回收旧产品，换购新产品。

这个促销活动，让顾客买新产品的时候很安心，心甘情愿地花钱。他们觉得旧产品正好要过期了，又有人帮忙回收，还能折合点儿现金，真划算。

微商很多是以女性顾客为主，她们爱买东西，买完之后，有些东西可能用不完就丢掉了，或者用了之后又很快失去了新鲜感，因此，钱花了又舍不得丢，用完之前购买产品又很纠结，我们可以利用她们的这个心理，设计一个变废为宝的活动，这个思路来自于我看到的旧车可以折价买新车的广告。

我们经常会看到这样的现象，比如，李老师有一套产品用了两个月还有半瓶没用完，但他对我们的产品有兴趣，手头上没用完的产品，扔了又觉得可惜，于是很纠结。这样的情况，我们可以采用变废为宝的方式，完美化解。

其实，很多品牌车也会举行这样的活动，希望客户更换新车。

客户也纠结，自己的老车没有坏也不旧，可又想换新款。尤其对于不是特别有钱的客户，换款新车，经济上会有压力。这个时候，看到变废为宝的活动，自然而然地消除了顾虑。顾客只需将旧车开过来，估个价就能换新车。

化妆品也可以这样操作。比如李老师的产品没有用完，但又想买我们的产品，我们就可以给他个折扣价，折扣可以根据产品的利润去定。

我们用这样的方法，让顾客买新东西的时候很安心，心甘情愿地花钱，或者让他们觉得旧东西正好要过期了，有人帮忙回收，还折合点儿现金也挺好的。

31. 团购促销

团购是抓住顾客的从众心理，结合目前火热的"拼团"行为，强化消费者对产品的追求。

不管是大团购还是小团购，都可以促进产品销售。

团购的目的是让顾客一次性多拿产品，品牌方多卖了产品，而顾客又没有囤货压力。

这个思路依然来自于线下，其实我们每个经销商都希望一次多卖点儿货，我们宁肯利润薄一点儿，也希望量多点儿。

因为微商的产品多数属于快消品，所以我们希望每次可以多卖几瓶。有些人可能会还价，但微商觉得卖一瓶利润太少，做不到。这时，我们就可以采取团购的方式。

团购分小团购和大团购。

我们的产品是化妆品，可以做一些组合，1套、3套和5套分别是多少钱，但顾客肯定会想：我一个人买那么多套干吗？

于是，我们可以发起团购，也就是给顾客一个小团购价。比如，买3套什么价格？

因为多数人是不愿意囤很多产品的，所以可以通过小团购实现。让顾客去找身边的同事或是亲戚一起来买。这样，我们就实现了让利，多卖了几套产品。

大团购其实也很简单，比如一次性买 100 瓶或者一次性买多少套，我们称为大团购。

大团购的对象一般是单位，因为单位有送礼的需求，或者有给员工发福利的需求。而我们私护产品、保养品以及化妆品，在"三八"妇女节、母亲节给女性员工发放福利，当然是最佳的选择。

由此，我们要看顾客的需求，如果还价，我们认为他（她）的圈子还不错，就可以跟谈一个团购价，让他（她）拉上两个人一起买，就能拿到团购价。这就是小团购的应用。

平时我们跟顾客聊天，也要有开发意识，要留意哪些顾客是有单位的，哪些客户是公司领导。

那么，我们在沟通的过程中，就要去铺垫这样的意向。遇到节日，或是单位需要采购礼品的时候，我们就可以顺势而为，促成团购了。

32. 送彩票

送彩票，是利用广大消费者的彩票热情，制造一种不同的噱头，去营造产品的卖点。

买产品，送彩票，参加抽奖得礼品。

送的礼品，要注意是价格低廉，实惠好用的产品。

相信很多人都希望通过买彩票、抽奖发大财。但人有时候又不太相信自己的运气，因为觉得自己买了也不可能中奖，或者说自己也没有心思去买。这时，我们可以通过买产品送彩票来实现动销。

买彩票可以有两种方式：一是线上的支付宝或是微信购买；二是线下购买。

因为人都有这样的心理，自己买过没中，但你们送我一个，万一中了不是挺好的嘛。我们可以拿一些低价位的产品，来做这个活动。

诸如价格在两位数的洗衣片、足贴、日化品、基础面膜和一些家庭护理类的产品，顾客之前可能没兴趣买，但现在正好有这个活动，而且送的是彩票，基于万一中奖的心理，他们就愿意花几十元来试一试。

33. 兴趣标签

兴趣标签，实际上是一种社群维护，我们主要是以某个标签为核心，结合社群，强化社群内认同，这样才能换取更大的流量转化效果。

设置标签，投其所好。

给我们的客户做好标签，他们有什么兴趣爱好，他们喜欢什么生活方式等，然后一对一沟通，有针对性地做促销活动。

其实顾客们平时有什么样的兴趣爱好、生活重心等，我们通过朋友圈的展现就能粗略看出。

另外，我们还要关注我们的用户都有什么人群组成，比如，微商的客户群体一般以大学生群体、初创小本创业群体、小商户群体、自由职业者、特别喜欢聊天的女孩子、白领和主妇兼职等等组成。

以占比最高的宝妈主妇为例，多数宝妈每天的生活重心就是带孩子，她们特别喜欢"晒"孩子的照片，有的喜欢做各种美食，还有的喜欢养宠物等。

我们作为代理商，平时就要多多了解客户，或者开发我们潜在的客户，这时，我们就一定得给每个客户的兴趣爱好做标签。然后针对性地做促销，平时我们在朋友圈不会发，而是私下的一对一的沟通。

比如，我个人是很喜欢狗的，假如，我就是一个养狗的客户。

如果想跟我这样的客户达成长期的合作关系，把我当一个VIP来对待，希望先促进与我的关系，再成交，或者说想把产品再一次地卖给我，跟我做动销或是促销。

那么，就可以从我养狗这个兴趣爱好里面去开发。比如，宠物玩具、零食。如果我在别人那里买了东西，还顺便赠送我一个特别好玩的宠物玩具，那我就会觉得太贴心了，还知道我的爱好。

我再举个我自己的案例，我发现我的代理商，还有些客户特别喜欢做各种美食，经常晒一些他们做的糕点、小吃，这种客户是很热爱生活的，也是很注重生活品质的人。对于这样的客户，我们可以有针对性地去选一些做糕点需要的配料，或者厨具。

我们怎么开发这样的客户，或者说怎么去促进动销呢？很简单，我们知道做糕点需要烤箱，或者说我们知道做某种美食需要什么原料。如果顾客购买了我们的化妆品，且消费到了一定的档次，我们就可以送一个与顾客爱好相关的东西。

比如，我们发现有位顾客最近在学瑜伽，如果这位顾客购买了我们的产品，我们就可以赠送一个瑜伽垫或瑜伽球给她们。这样，顾客化妆品买了，赠品拿了，皆大欢喜。

目前，很多品牌在做促销时很生硬，活动翻来覆去就那几个。归根究底，他们没有教会代理有针对性地促销。促销是为了让顾客快速地决定购买，以及买的金额大一点。

我们不能统一对待客户，一定得有差别。平时通过跟客户的聊天和互动，发现他们的兴趣，然后做好备注标签。如果有针对性地根据客户的爱好做动销活动的话，相信客户会毫不犹豫地购买。

34. 送现金活动

送现金并不是一种亏本手段，而是以现金为吸引力，降低部分利润空间，在盈利底线以上出售产品。

送现金活动的方式，对顾客或者代理来说，有很大的吸引力。

代理都想通过这样的方式，来赚取这个纯利润，自己没有囤货压力，就很轻松。

直接举一个案例来解释什么叫作送现金。

假如，我们的产品市场终端零售价是 280 元，我们的最低级代理拿货价大概在 180 元，这样即使最低级代理拿货卖产品，至少有 100 元的利润空间。

如果我们发起一个送现金活动，买一盒零售 280 元的产品，就有机会获得 300 元的现金。好像我们的代理明明才赚了一两百元，却要给客户 300 元现金。这听上去好像是亏本买卖，但实际上，我们里面有很多操作，这就是个动销方案。

对于拿了 280 元零售价的顾客，我们要对其提出要求，才能获取 300 元的现金。比如，第一个要求，为了更好地用这个产品，顾客需要进群学习产品的专业知识。因为只有掌握一定的知识，才能充分地使用它，让我们的产品达到更好的效果。

第二个要求，我们设计一个为期 7 天、11 天，或者 14 天的周期，这段周期内，每天必须将我们官方的素材发到朋友圈。

我们通过专业的培训，买产品的顾客在朋友圈宣传 10 天左右，很大程度上，就有可能产生销售，发朋友圈的文字很关键，我们是设计好的能够出单的文案。

当这个顾客有可能有零售量，也让顾客参与我们这个活动，比如，A 顾客购买一瓶 280 元的产品进了群，然后他（她）推荐给了 B 顾客，B 顾客也要参加这个活动，B 顾客也会给我们 280 元。

这相当于 A 顾客消费的 300 元钱现金可以抵扣，B 在无意之间又帮我们零售了一盒，B 在无意之间又以 280 元的最高零售价帮我们零售了一盒，A 顾客是用 B 顾客的现金在我们这里抵扣的。

也就等于 A 顾客通过这样的方式，在推荐第一个 B 顾客的时候纯赚了 280 元，因为他在我们这里的 280 元是可以抵扣的。

而对于我们的代理来说，如果一个 A 顾客能推荐一个 B 顾客的时候，他有可能会亏一点点钱。

我们这样做的目的是，通过这样的方式去设置：如果一个人也不推荐或者只能推荐一个人的时候，我们就有可能稍微有亏损，但是通过活动我们经过测算和数据统计，80% 以上的代理会在这个活动里面出货，并且裂变代理。

因为送现金的方式特别诱人，对顾客来说，花费 280 元买产品，在推荐到一个人之后，可以净赚 280 元，等于买产品没花一分钱。

换言之，如果我是顾客的话，也会很高兴地拼命推荐，再推荐一个，其中 280 元，我跟上家分得 40 元，那我就需要补 240 元进群。实际上，对于我来说，得到的是 280 元加 240 元，也就等于 520 元，相当于出了 3 套产品。

因为送现金的方式对顾客而言，具有很大的吸引力，所以平均一个代理都能推到 5 个人以上，顾客都想通过这样的方式来赚这个纯利润，没有囤货，也就很轻松。

我们之前在一个小团队里面测试：70 个人的团队，通过这样的方式在差不多半个月的时间，能够裂变成约 300 个人，等于是 70 个人总共卖出了 300 套以上的产品。平均每个人出货 4 套产品。

35. 天猫、淘宝购物卡

天猫、淘宝购物卡类同于优惠券，既是一种引流手段，也是一种促销手段，主要针对女性市场，尤其是宝妈。

得购物卡者得优惠券。

天猫、淘宝购物卡这样的一个活动，效果非常好，这张卡价值 600 元。

怎么操作呢？我们知道，天猫、淘宝旗下有推手公司，也就会产生二级链接，通过二级链接进入淘宝。于是，我们就可以在二级链接里设置优惠券。

简单地说，顾客拿了这张卡，卡后面有密码，通过密码上的链接进入领券的平台，就可以领到 600 元优惠券。领到券以后，就可以选择他们想要的产品，每个产品的优惠幅度不一样。

据了解，天猫、淘宝有几万个店铺在平台里面做二级链接的活动，有的优惠力度很大。

这张券是可以直接抵扣的，优惠幅度比天猫、淘宝上面所有的活动都大。比如，茅台特色酒，在天猫、淘宝通过领券和年货津贴，只能优惠 40 元，但通过我们的券进入二级链接，可以直接优惠 600 元。

顾客通过这张券进去之后，他们只要选择好产品，然后，链接会自动跳转到天猫、淘宝店完成交易。

无论微商去购买还是代理去购买，都很方便。

这两天我们通过购物卡的形式、动销以及引流方法去操作，效果都特别好。一张优惠卡的各项支出加起来不到 10 元。因此，对代理而言，只需要花大约 10 元，就能够动销自己原有的产品。

优惠卡安全性高，视频宣传到位，对顾客诱惑力也大，而且对于低价位的面膜、水乳、唇膏等，送一张这么优惠的卡，对顾客的冲击力还是很大的。

再如顾客去买好孩子品牌的婴儿车，还有巴布豆的衣服，这些比天猫的"双十一"活动还要优惠，对顾客来说等于是送钱。

我们不仅做动销，还做引流活动。比如，让顾客推荐 5 个好友加我，他们就可以自己消费 9.9 元的卡，顾客会很乐意。因为购物卡非常实惠，加上微商宝妈比较多，她们又喜欢购物，不管引流还是动销效果都会很理想。

36. 同行非同类产品合作

　　同行合作，搭配具备相关性，不存在同类竞争压力的产品，组合成一套产品进行出售，能够扩大促销覆盖面。

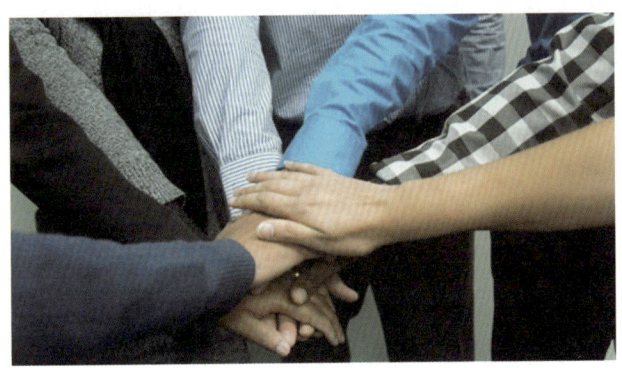

　　同行非同类产品合作，也叫异业联合。

　　采取这种动销方法时，我们可以选择优质的同行，拿自己的产品，与同行不是同类的产品合作。

　　这样，可在在相互都不影响后期代理和顾客选择的情况下，促进彼此的销售。

　　顾客可能不仅仅想买化妆品，还有可能找别人买洗脸仪等产品。

作为一个品牌或代理不可能卖得很杂，但我们可以选择优质的同行，跟不同类的产品去合作。比如，我们卖化妆品，肯定不能和养生贴、减肥药去合作，而是找比较高端的产品，这样才能让促销不掉档次。

举个案例，比如，我选择好了一款美容仪器，市场价要1000多元，我首先找到代理商谈价格，能够谈到别人的总代价，或者合伙人价格。假如市场价卖580元，实际我们拿货价200多元。

如果顾客消费产品满1000元，我们就送价值580元的美容小仪器，或者一款高端的、新型流行、明星同款的美容仪器。

这样，我们的品牌跟大品牌有合作，就提高了背书的效果，而且不会显得突兀，也不会影响我们产品后期的销售。反之，如果随便搭一个微商的膏药贴、减肥药，那就可能会带顾客跑偏。

这个思路是双向的，刚才的思路是我们去拿到一个合理的价格，顾客买我们的产品送高端的东西。尤其是顾客平时不是很舍得买，通过我们的搭配，花一份钱得了两份东西，他们就有了购买的欲望。

另一个思路是我们去找别人谈。比如，某个品牌的仪器正在做微商，是我们想合作的同类。我们就可以找到这个品牌的总代，让他们去卖仪器送我们产品。

同样的，拿刚才的案例来说。如果这个小的美容仪零售价580元，总代理的拿货价是200元，相当于他们卖一个美容仪可以赚380元的利润，那么，我们就可以黏合。顾客在我们这消费满 1000 元，可以送一款美容仪。

　　合作方在我们这儿也会享受一个同尊的总代理价格，他们拿货的价位可能才 100 元。顾客在他们那里买一个 580 元的美容仪，他们可以送一个价值 280 元的高端精华，同样地促进了他们产品的销售。

　　所以，我们在相互都不影响后期代理和顾客选择的情况下，促进彼此的销售。这样的销售方式我们叫异业联合。

37. 消费返现

　　消费返现，是以消解促销流程为核心的手段。通过消费返现，让顾客享受实际优惠，同时，降低促销难度。

消费返现，实现复购。

　　注意是消费返现金抵扣券，而不是现金。消费返现的方法比较适合复购率很高、价位也相对高的产品。这样才有足够的利润空间。

　　人是喜欢玩游戏的，而且玩游戏会让你有冲关的欲望，那么，我们可以设置当消费满了 3800 元直接返现 800 元的活动。

这比我们一瓶一瓶地去卖，一瓶瓶还价要好很多。因为还价的顾客，并不是我们的优质顾客，所以，我们需要去培养一些优质的、忠实的顾客，让他们能够长期地跟我们复购合作。

　　再比如化妆品，零售价可能是三四百元，套装可能要五六百元，顾客一次性消费买也好，累计返现也好，满到额度可能性会大一点儿，同时我们的利润空间也会大一些。

　　我们就可以设置消费返现，一次性累计满多少元，也可以一次性累计消费到哪个档次就可以返现。

　　注意，不是真的返现金，而是返现金抵扣券，比如，消费3800元返了800元，这800元券长期有效，任何时候来买东西都可以。

　　这样的方式就比我们直接打折，或者送正品会好一些，并且此法适合培养一些长期忠实的复购顾客。

38. 买家秀评选

买家秀评选，是充分利用顾客的朋友圈资源，激活更大范围的关注流量，实现流量的裂变和转发。

晒买家秀，开发新资源。

买家秀评选活动，是希望能充分地开发和利用顾客的朋友圈资源，并成功激活朋友圈。

做微商有一个很重要的窗口，那就是朋友圈。我们每个代理都有自己的朋友圈，然而，总有一天朋友圈里的资源会枯竭，也就是说，人慢慢地都买了个遍之后，就很难有新的资源了。

有很多顾客是不做微商的，有的人抗拒朋友圈，有的可能想做微商，可是又害怕做微商，因为不知道如何发朋友圈。

我们是希望充分地开发和利用顾客的朋友圈资源，这时，我们可以做一个买家秀的评选，根据不同的产品，做不同标准的评选。

比如，化妆品中有彩妆，我们是代理商，有20个稳定的顾客。这个月，我发起一个买家秀评选活动，先建一个群，把购买了产品的顾客拉进这个群，我们在群里来投票、评选最美买家秀，公认好看的，可以颁发一等奖、二等奖和三等奖。

奖什么呢？两种方式，第一种：一等奖送现金200元，二等奖100元，三等奖50元。第二种方式：一等奖3盒产品，二等奖送两盒产品，三等奖送1盒产品。

顾客在群里面参与这样的活动，他们就很愿意拍买家秀。但是，有的顾客不做微商，不太会用美图，甚至不会自拍。如果拍得不好看，哪怕发了朋友圈，可能效果也不理想，所以我们就需要给顾客一个标准的模板去模仿，让他们用产品去呈现我们想要的风格，比如背景要干净，画面要清晰，衣着要得体等。

同时，我们要事先编辑好文案，直接给顾客使用。我们设计的文案，要保证在朋友圈发了以后显得不那么商业。

可以怎么写呢？举个例子：我在参加某某品牌的一个买家秀评选，希望朋友们多多支持我。如果觉得我很美的话，请给我点个赞好吗？

这样发圈的话，让人有非微商的感觉，继而纷纷点赞。其实，当人们在帮忙点赞的时候，也会顺便去关注产品。如果这个产品呈现了很好的效果，多多少少会吸引顾客朋友圈的人。

这样，在一定程度上激活了我们顾客的积极性，并让他们觉得自己身上没有贴标签、没有压力。而且不会让他们朋友圈里的人反感。顾客为了拿到现金奖励或者奖品，也没有了顾虑。

对微商来说，如果顾客能够把图拍好看，并在朋友圈互动，多少会引起一些人关注，一旦有关注就有可能产生咨询，进而达成销售。

这个活动，不仅适合化妆品，其他的产品也可以，比如足贴，买家秀可以以爱心为主题，我们把足贴送妈妈、送长辈，这是一个爱心的表示。

通过送礼物的照片，或者和长辈的合影，做一个最美的爱心秀、孝心秀发到朋友圈，让朋友们点赞支持。

顾客看到后会想：呀，原来你用的是这个足贴呀，好不好用呢？于是，就可能产生咨询的意向。

我们通过买家秀评选活动，把微商的标签去掉，这样就显得很真诚，同时也能激活顾客的朋友圈，从而产生销售的可能。

微商想要做好朋友圈的营销和互动，首先你需要对微信好友进行对位圈层，确定哪些好友是你的消费人群。充分利用微信的好友分组功能对微信好友进行圈层，才能准确寻找到与消费者的触点，继而建立起连接关系。

微商要把评论好友的朋友圈作为一项工作日常，每天设定一个目标，比如，每天点评多少条朋友圈，和多少好友进行互动。评论的目的是让彼此在没有交集的生活中，寻找共同话题，从而搭建认识关系，慢慢再熟悉，建立信任。

39. 租赁朋友圈

朋友圈租赁实际上是以付费形式，扩展客户资源，通过购买其他人的朋友圈，接入个人广告，加快流量转化。

租赁朋友圈，别样的出租。

微商的核心目的是让高层代理把货零售给小代理，让小代理把货零售出去。

而租赁朋友圈，其实相当于让中层代理去招一些中小型代理，让她们在朋友圈里推广我们的产品。

我们租赁的朋友圈，一定要提前规划和设计好，从小白代理的视角出发，以他们的视角在朋友圈呈现，并能够把产品卖出去。

这个思路也是跟买家秀相似的，也是因为代理的朋友圈资源已经枯竭了，很难再开发出新客人。我们都知道微商的朋友圈会资源枯竭，如果这个顾客没有做过微商，那么，他的朋友圈的人脉就是新鲜的，比老微信的朋友圈好用。

因此，我们可以举办一个招租朋友圈活动，我们要求朋友圈没做过微商，或者做过微商后中途放弃了，以及近期没做微商的，且好友人数满 300 个，截图为证，通过筛选后，把这些满足条件的人拉到一个群里，定期开群会。

开会内容如下：我是代理公司，我愿意租赁我的朋友群圈给你们，每天朋友圈发几条动态，分别在几点发，每一条的素材我们公司都会准备好，用现成的即可。

拉群的目的是便于管理，让他们可以在同一时间把消息发出去，而且保证发的是原图。现在的朋友圈都很注重图片的质量。

接着，就可以做朋友圈了，假如有 100 人参与，那么，每天定点，而且文案按微商的思维去设计。因为微商核心是要动销给中低层代理。

不管是零售也好，还是动销也好，核心的目的是让高层代理把货零售给小代理，让小代理把货零售出去。我们租赁朋友圈，其实就相当于让中层代理去招一些中小型代理，他们多数是自用兼零售。

我们租赁的朋友圈要提前规划和设计好，从小白代理的视角出发，在朋友圈推广产品，并把产品卖出去。

租金怎么算呢？我们可以按周来租，也可以按月来租，具体周期的长短得根据产品的特点，比如化妆品就适合长租，因为产品比较多，而且限用期比较长，我们可以按 14 天、21 天或者一个月来租。

我们一个月的租金有时是 300 元，或者其他额度不等，但我们给的不是现金，而是纯产品或者购物券加产品。我们会每天跟踪报名参加人的行程。

以 400 元的租金为例，那是一张价值 400 元的购物券，只要按我们的要求发了圈满月之后，这张券就能拿来抵 400 元的产品。

其实这里面就有一个不稳定成分，我们不能保证每个顾客朋友圈都有成交，这要看我们的运营和策划能力。

如果说我们能够把文案、图片层层环节设计好，再给这些租赁朋友圈的人基本的话术，比如有人点赞怎么回复，有人咨询怎么回复。那么，他们就可以在朋友圈发的时间段，100% 产生咨询或者销售，只要参与者按我们给出的套路走。

如果有人咨询是让他们自己成交，还是让他们介绍过来我们去成交呢？

这两种方式如何选择，主要看产品特点，以及我们对租赁人能力的考核。但让他们把咨询的人转到我们这里来成交，成功率相对而言会高一些。

遇到这种情况，我们可以这样设计，倘使租赁人朋友圈的人来我们这里咨询，并购买了产品，只要在 400 元的范围以内，货我们负责发，钱让租赁人去收。

　　这样做的目的是让租赁朋友圈的人尝到甜头，他们就可能不想满足于此，而且发现自己的朋友圈挺好激活的，这些人多数都会选择升级。

40. 定制礼盒

　　定制礼盒，是提升客情度的重要手段，依据不同节日，定制品牌礼盒，在日常消费外，创造消费热点。

　　定制礼盒，跟前文讲过的礼品定制，方法有点儿类似，区别在于我们做的东西会高端一些。

　　有一定销量的产品，可以和高端品牌合作，定制礼盒销售。这样的礼盒能够很好地打开高端的市场，同时提高了我们产品的背书和品牌公信力。

定制礼盒，不仅品牌方和代理有利润，而且作为合作品牌的我们也有利润。

水晶是女生必然会喜欢的东西，也是男生送女生的必备。比如，一条施华洛奇的项链可能要 1000 多元，我们去合作，也肯定做高端礼盒。

假如我们的产品去跟施华洛世奇公司谈合作。我们有 1000 条或者 10000 条的起订量，我们就会单独去为了这个品牌做专门的礼盒定制。

比如，这个套装里面的口红可能搭配这条项链，也可能这套精华搭配这条项链，专门有一个定制礼盒，而且礼盒上面也会凸显这个品牌。

如果我们跟施华洛世奇品牌合作了，那么项链市场价格可能是 1500 元一条，而我们通过合作定制的价格只有大约 500 元。

以此类推，再搭配一个或两个产品，这个礼盒再卖到 1500 元，不仅品牌方和代理有利润，而且作为合作品牌的我们也有利润。这样的礼盒能够很好地打开高端的市场。

高端的还有袜子或者内衣的品牌，这可以找品牌的服装厂做定制的。

比如，本身我是做袜子的，那我就可以找品牌的服装厂合作，做订制款的袜子，或者定制款家居饰品、家具、拖鞋等，这样就可以和袜子相搭配。

冬天的时候，我们的代理拿礼盒定制款去动销，会卖得很好，多数客户是要用来送人的。

很多微商是做饰品的，就可以考虑和一些饰品品牌合作，因为微商很多东西是有量的，只要有量，就可以找到大品牌来做传统品牌定制。以此来提高我们的背书和品牌的公信力。

我的同行是做保健品的，如护腰的产品，男性受众较多，我建议他们在过年之前去找生产酒的企业，合作定制保健酒的礼盒。保健品加保健酒的定制，在过年期间走亲串友就显得很高大上。这样不仅能促进我们产品的销售，而且能提高品牌的公信力和知名度。

41. 包销承诺

　　包销承诺主要是为了在运营团队的过程中，解决团队成员的主要难题，避免下级代理陷入囤货难题。但是，就意义而言并非上级代理直接售货，而是承担售货责任。

包销，更畅销。

　　解决微商的最大难题，就是解决微商终端的出货问题。

　　而这个包销承诺，正是微商最小层级最喜欢的方式。通过包销承诺，通过培训，提高了代理的各项能力，可以让他们更好地销售产品，一次性多拿货。

　　包销承诺不是帮代理卖货，而是教他们把产品销售出去。

　　微商品牌的产品，最终是要出到终端最小层级的代理手里。其实我们最小层级代理以及倒数第二个层级代理，他们是微商中最庞大的一个群体，这批人是自用以及兼分享的零售型客户。

　　顾客群体可能在购买产品的时候，会买一两盒自用，但是又想以优惠价格拿货，也希望跟微商一样赚钱。但是这些小代理的心理是怕风险、压力、怕事情特别难，还怕拿货多了卖不掉。

　　针对这种情况，我们可以给最小层级的代理设置一个包销制度，比如最低层级代理拿 5 盒产品，共 600 元，我会提供为期一周的包销课程。

一周的时间，我们就是教会他们，先自己使用产品，学会把产品的优点，以用户思维的买家身份，在朋友圈分享，或者给自己身边最熟悉的朋友发私信，然后把这个产品推销出去。

从某种程度上说，如果一个人自己没有怎么做过微商，他（她）的朋友圈都是有很多鲜活的新的资源，因为每个人身边总会有那么几个朋友，或者亲戚支持自己。所以我们提供包销政策就是帮他们出货。而他们在我们品牌的最小层级里面，一般都是集合罢了。

我们的包销课程里面，第一节课就是教会他们去使用产品。所以，通过亲自体验三五盒产品后再去卖产品，是件非常容易的事情。这样就把我们曾经一瓶一瓶卖的产品，一下子变成了一次性可能三盒五盒地卖，甚至更多盒。

我们提供这个包销制度，让那些想享受优惠的人去使用产品、分享产品，进而想尝试做微商。我们就做了一个安全的承诺，包销课程能让所有人觉得多拿几盒不仅实惠，而且还能赚钱。

另一方面，无论是代理，还是客户，如果产品质量好，那么客户自己也能用完，只是他们没有复购的习惯，或者这样的思维模式。

通过包销制度，可以让顾客一次性多拿货。那些人际圈子很好，或者自身学习能力很强的顾客，在参加了包销培训后，就能够把产品卖出去。因此，用这样的方式，我们就可以把那些有能力，或者适合做销售的客户转化为未来的代理商。

42. 包退货制度

　　包退货制度是大型公司维护团队、发展团队的重要举措。同时，包退货，也可以消除顾客顾虑，甚至有机会将客户发展为下级代理。

包退货，焕发生机。

　　和包销的出发点一样，解决了中小型代理不敢囤货、不敢多拿货，或者怕用不完的心理症结。

　　要清楚包退货有一个合理的时间期限。

　　包退货虽然在一定程度上可能增加品牌方的压力和风险，但是从长期的发展角度来说，退换制度能让品牌和团队更健康、更良性发展。

我们可以设计包退货这样的制度，即顾客在我们这里拿货，10 天或者半个月之内，在产品没有任何损坏的情况下，是允许退货的。这个制度对所有的子公司都是统一要求的。

包退货制度，其实也是一种降低顾客顾虑的方式，他们觉得风险值很低，可以更轻松地加入我们团队学习。

当然，这也要看品牌本身的根基，我们能不能在他们加入团队一个月之内教会他们方法，也就是将他们从用户思维转到微商思维去销售、推广。

包退货这样的零风险承诺在微商也很普遍。我们都知道微商这几年一直是囤货，也不被外界看好，给代理们造成了一定的心理压力，而且，也确实有一些微商，由于盲从或盲目压货导致整个团队崩盘。

我们提供这样的退货制度，虽然在一定程度上可能增加了品牌方的压力和风险，但是从长期的运营角度来说，退换制度能让品牌和团队更健康，而且是一个良性循环。

同时，这样的退货制度，能让微商重新找回自信和激情，尽管我们的风险大了，但激活了很多新老代理。

值得注意的是，我们不能无条件地退换，要根据产品本身的特点去设计，比如说要求代理或者客户每天必须发朋友圈，学习时做笔记，以及晒晒自用的反馈。

作为代理商，只要能做到这些基本的事情，80% 以上都是可以出货的。

43. 追踪复购

追踪复购的最大价值，在于从老客户端收获更多的客户信息，获得产品使用的反馈，从而方便对客户进行二次推销。

追踪复购方案，不管是对老客户还是新客户都适用。

通过追踪复购，可以让每个代理商，把每个顾客都变成我们忠实的顾客或者 VIP 顾客，成为我们长期复购的客户，促进产品的动销。

这个也是我们的二八原则。我们都知道，每个品牌或每个代理、每个团队，80% 的利润都来自于 20% 的优质客户。所以，我们的宗旨就是一定要让我们的老客户变成优质客户，提高买过产品的客户的复购率。

不管是线上微商还是线下实体，现在开发一个新客户的难度和投入都很大，包括淘宝，新客流量成本都是非常昂贵的。

那么，我们要怎么去实现产品动销呢？这就需要我们去跟踪复购的每一个客户。代理手里的就是终端资源，它是活的，而且是可以深度挖掘的。

这个复购的体系还是蛮庞大的，现在举几个简单的例子。

复购分几种。比如，新客户和老客户的回访。什么是新客户呢？在今天，第一次跟我们买产品的人，不管正装还是试用装就称为新客户。

新客户第一次购买东西的时候，我们就要特别小心地、特别热情地去服务。为什么？

新客户拿到我们的产品，他们其实还是有很多疑虑的，比如说产品有广告说的那么好吗，公司真的这么有实力吗，品牌很专业吗，等等，现在只是抱着试试看的心态。

对新客户，我们有一个 137 法则。

客人买了产品的第一天，我们就开始跟踪服务，告诉他们产品的使用方法，友情提醒注意事项，等等，然后以专业角度去给他们分析产品怎么用更好，女人应该怎么保养、怎么护肤会更好。

这样通过跟踪服务，让新客人对我们产品的品牌更加放心，认可我们的产品，进而对代理商的服务好感度提升，这就是 1。

无论我们卖化妆品，卖保养品，还是减肥品，其实我们很在乎顾客有没有正确使用产品，以及他们用了以后有没有什么疑问，或是不良的反应。

所以，我们需要在销售出产品的第 3 天，也就是顾客使用产品的第 3 天，去问顾客使用以后的感受，或者有什么问题要咨询。如果有顾客提出疑问，我们要及时解决，并给予正确的引导。

例如，我们可以这样问：皮肤有没有变亮？您使用了我们的减肥产品，有没有瘦呢？

我们通过这 3 天的跟踪，去确认顾客有没有正确使用产品，以及有没有感受到产品的效果，或者因为产品的使用不当而发生一些不好的事情。不管顾客的印象是好还是坏，至少对我们的服务、对品牌的好感度会再次提升。

假如顾客真的有皮肤不适应，或者减肥产品吃了，引起了腹泻，或者说养生贴、膏药贴，贴完导致皮肤过敏。那么，我们通过这样的一个售后，就能及时帮助顾客解决这些问题，降低顾客对品牌的疑虑。这一点非常关键，这一点比顾客的好评更重要。

通过第 1 天到第 7 天的使用，不管产品的使用效果明不明显，至少客户对我们品牌和对我们的好感度非常高。如果我们在第 7 天再次回访，跟顾客聊聊天，进一步了解顾客的需求以及对品牌产品更高、更深层次的要求，或者给顾客一个搭配方案。

举个化妆品的案例。通过聊天，我们了解到顾客说，产品的补水效果还可以，但不够白。显然，顾客有美白的需求，此时，我们就给他（她）搭一些其他的美白产品，这个时候，顾客就有可能马上产生一个复购的想法。

一般来说，顾客第一次购买，肯定不会买全套，但我们通过 137 的法则，让我们的顾客感受到品牌的专业、服务的专业以及产品的安全性，那么，我们趁机再去推全套产品，或者提一些搭配的建议，顾客就会欣然接受。

以上就是 137 法则针对新客人的应用。当然，老客户也需要我们跟踪的。

什么是老客户呢？买过一次或两次产品的就称为老客户。我们需要对老客户跟踪半个月到一个月左右的时间。比如，当他们不忙的时候，询问下最近做什么，皮肤有没有好一点儿，产品是否使用完了。

老客户用完之后，会不会再买真的是个问号，因为他们身边有很多做微商的，完全可以多渠道购买产品。他们随时有可能被其他的商家"挖"去，因此，我们对老顾客也要定期回访，定期跟踪。

我们可以设置个时间，比如说一个月做一次回访，或者 20

天一次，用座机打电话回访，一定要去了解顾客对产品的认可度以及使用效果，但切忌不要把过多的内容放在产品上，还可以根据节日去聊一些相关的话题。

平时也要注意在顾客朋友圈发的生活内容上互动一下。为什么要互动呢？因为我们在线上与顾客沟通，看不到人，我们最怕什么呢？最怕我们代理商三天打鱼两天晒网，卖了产品后没有跟踪、没有服务、没有售后。

我们通过这样的形式就可以让每个代理商，把每个顾客都变成我们忠实的顾客或者 VIP 顾客。让每个客户都能够成为我们长期复购的客户，这样我们产品的动销会一直很好。

44. 盲定游戏

盲定游戏，主要针对有库存的代理商，相当于用"清仓"思路吸引一波流量。

盲定游戏，甩库存的法宝。

盲定促销方案，是非常适合有库存商品的代理的一种活动方案。

这个方法是针对有库存产品的代理商。因为每个微商手里都难免会有产品卖不掉。

如果说一个产品长期没有卖完的话，我们就很尴尬。为什么呢？任何产品都有保质期，要是放太久，一旦临近保质期或者过了保质期，产品就等于废掉了，再也不可能卖掉，这就造成了直接亏损。

这个时候，我们可以拿一些库存的产品，在朋友圈做一个盲定的游戏，这个游戏不仅能让顾客觉得很好玩，还会让他们觉得实惠，活动力度一定要大，这样才能让别人觉得有意思。

先让每个代理自己去判断哪种款库存比较多，如果进价是40元，那么我们可以在朋友圈标注进价是40元，但需要说明的是，任何产品的代理价跟零售价是两个概念，进价是40元的产品在平常的零售价可能是120元。

那我们怎么处理呢，我们可以搞一个活动。我们在朋友圈说，本人已经做微商3年了，在3年里，为感谢圈里的每名新老客户以及VIP客户们，还有亲朋好友们长期的支持和厚爱，在今天我拿出一些产品，玩一款秒杀的游戏，只要29元或者38元，就可以得到平时价值120～150元的产品，还能包邮。

如果这样说的话，顾客可能觉得因为我清仓不做了，或者产品过期了才要特价卖。从顾客的心理角度说，打折处理的都是不好的东西，一旦给他们的印象不好，即使产品再便宜，别人也不会买。

这个时候，我们就可以采用盲定游戏。比如，今天是本人从事微商3周年纪念日，或者是创业的第100天，做一个感恩回馈老顾客的游戏，这样就不会让顾客觉得你是因为产品不好卖才甩货的。

同时，价格上也要给力，但是不能太狠，否则自己就亏太多。

我们自己根据产品售价找一个顾客比较接受的价位。

假如老顾客来参与这个游戏，我们可以说："大哥，你是知道我们产品平时都一百多，今天为了感恩回馈，价格才如此实惠。"他就很可能会愿意跟我玩这个游戏，而且还不去想是不是不好卖，或是过期产品什么的。

通过这样的游戏方式，我们就巧妙地避开了给顾客清仓处理尾货的感觉，这就叫作盲定。

45. 福袋

客情度的维护，不只是拜访率的提升，更是与顾客群体长期的关系维护。福袋创造的惊喜效果，就是提升客情度的最佳举措。

用福袋，更贴心。

福袋促销法，适合一些不好卖的，或者相对滞销的产品。福袋里会送一些写有祝福语的卡片，让顾客感受到公司的用心。

一定要注意，产品质量要过关。福袋促销法适合的是近期不好卖的、相对滞销的产品，但不是质量不合格的产品。

这个福袋，跟之前那个盲定的出发点是一样的。我们会拿出一些卖得慢的，或者说不好卖的，以及相对滞销的产品，在一些节日去做促销。

这个节日可以正好是法定节日，也可以是我们自己编的节日，然后为了做一个应景的活动，我们把它叫福袋。

其实不管是微商，还是线下客户都不会真心地想买打折店铺里的东西。因为他们会认为这个不好，但我们可以把活动包装一下，让顾客觉得很实惠，不去怀疑你这个产品是不好的，以利于销售。

比如，我们先设置一下价格，38 元的附带价值 120 元，58 元的附带价值 280 元，再将产品组合。

比如，原价 280 元，今天你就按批发本价，再随便加点儿价还包邮，让顾客去选。

虽然卖产品不好卖，但顾客可能需要。我们做福袋比直接在朋友圈甩卖要好很多，微商就是如此，越慢，越没人要，顾客是不会主动买一些连你自己都很难卖的且不好用的产品的。

福袋还可以应景。比如，新年福袋、中秋福袋，里面附带我们亲手做的卡片，或者写的祝福语，让顾客感到我们的用心。

46. 拍卖游戏

拍卖竞价，可以让已滞销的产品，通过娱乐性的方式，增加价值出售。

拍卖也疯狂。

拍卖游戏适合产品不太好卖，但又不能低价销售的产品。

拍卖之前，要准备基本话术，讲解清楚拍卖产品的优点和卖点，一定不能让人觉得这个产品不太好。

这个方法和前面盲定和福袋两种方法基本一样的，拿出我们自己可能不是很好卖的产品，但又不能低价甩卖的产品，玩一个拍卖的游戏。

比如，先在朋友圈或者微信群里预热，告诉大家，我将拿出一些产品来跟大家做互动，感恩我的亲戚朋友们以及新、老客户对我的支持，包括一直关注我朋友圈的朋友。

然后，我们把产品设置好，本产品 10 元起拍，每次可以加价 10 元，最高出价者得。

这样的游戏看似很简单，但是得有设计巧妙。当我们在朋友圈预热完之后，再一一私信，这样就引起了一些人的关注。

在游戏之前，准备好需要销售的产品，拍卖时基本的话术以及产品的优点、卖点。需要注意的是，一定得以产品为基准，不能让别人觉得我们的产品不好，这是关键点。我们不能让顾客感到拍卖就是廉价的，所以，前期要说明我们产品的优势、卖点以及顾客真实反馈的效果图。

开始拍卖了，有两种方式可以用。一是在群里说10元起拍，一定得有自己的两个小号，我们朋友圈也是自己的一个小号在互动。

我们怕什么呢，就怕这个活动的商品流拍了。

有可能喊了一句后，一时半会儿没有人有反应，也没有人说话，或者有一些人就干等着。他们的心理可能就是：我就等着你10元卖不了，我10元钱买走。那这个时候我们该怎么办呢？

此时就得安排小号出场了，至少得把产品加到30元才能保证我们基本的进价，甚至还有利润空间可以操作。

同理，朋友圈里拍卖也是一样的。我们发完朋友圈以后，再用自己的小号去留言，我出20元，你出30元，我们要保证真正想买的客户能够高于已经出了的价格，又能够让别人感觉很多人参与拍卖。

47. 配备培训教程

　　要想培养团队成员的自我学习和成长能力，首先得带领团队解决问题，那自己肯定要先懂得怎么解决。这一举措的目的就是减少微商小白，提升团队综合能力。

　　给代理配备同步的销售教程，比配备普通的售后跟踪更有效果。

　　公司或者品牌方，要通过培训教程，让顾客自愿、主动地来学习，转化为代理或者复购。

微商，不管是卖美妆产品、健康产品，还是食品类，顾客除了买产品本身以外，还买的是一种结果、效果或者是希望。

　　比如，保健品、食品，在传统的超市以及商场都是能买到的，那他（她）为什么跟微商买？是因为微商宣传的一些效果以及对结果的承诺。

　　如果我们单单只是把产品销售给了顾客，他们又没有很好地去配合使用，或者说没有很好地理解产品，那么，用完产品以后就很难达到效果，这样就不可能有复购以及长期的复购。因此，我们必须得让顾客学会正确使用产品，并持有长期使用的理念。

　　比如，经常提到的卖得很火的足贴产品，如果我们没有给买足贴的顾客养生的教程，让他们先改变这个观念，足贴不是一贴就有效果，而是要长期坚持的，包括我们吃的一些健康代餐食品也是如此。

　　我们的美妆产品，我们去宣传的时候一定要对效果有所夸大，或者做了承诺，而教程就是要让顾客拥有长期使用的理念。

　　比如，养生的教程，如果我们产品针对去湿，我们就可以通过培训和教程来教会顾客去湿、去寒气，从而树立长期保养的意识。

　　如果我们卖美妆产品，就得给顾客很好的体验，让顾客去知道保养是长期的，化妆也不是画一次就能永远解决问题。

　　那么，就要学会化妆，妆容也有很多种，比如日常妆、出席活动妆、职场妆等，配合这些教程，就可以让顾客长期地使用我们的产品，以及通过教程来正确使用产品，以达到顾客理想的效果。

　　配教程的方式比普通的跟踪售后，在某些方面效果可能还要好一点儿。因为跟踪售后可能反而让顾客感到很烦，有的顾客是有抗拒心理的，他们很明白我们做售后是希望达成复购，十分反感。

　　因此，我们通过教程让顾客自愿、主动地来学习怎样保养、养生、减肥以及怎样化一个漂亮的妆容。

　　此外，要做微商，面对的最大的问题，就是客户拓展，即加粉。

　　虽然总说微商做的是"杀熟"的生意，不过想想也知道，圈子里并没有那么多熟人对买卖产品有兴趣，于是如何拓展好友人数就成了众微商最头疼的问题。

　　定期的培训是微商维护代理忠诚度和加强等级意识的重头戏。在培训中，新手可以就产品对讲师提问，然后用讲师的答案，去回答客户，同时，新手也会获得所谓的"吸粉"大法。

48. 抵用券

抵用券，主要是为了打造顾客对产品的长远期望，也是渠道促销的重要手段，能有效开发产品的长尾价值。

抵用券是提高顾客复购的一种好方法。

微商不管卖什么产品，都是希望顾客用完以后再次复购，形成健康的销售循环。如果只卖一次，那团队肯定做不起来，品牌也难以存活。

我们去吃饭，经常会遇到这样的情况，比如，消费满 200 元，商家会送一张抵用券。在一个月以内，凭借此券下一次消费满 200 元，可以直接抵消 88 元。其实，微商也可以采用这种方法。

如何才能实现稳定的复购呢？通过抵用券可以实现。无论什么产品都可以设置，比如，买 200 元的产品送一张 20 元券。我们根据产品的特点来设置复购周期，如面膜估计一个月能用完，我们就可以设置买 1 盒面膜送 10 元的券，在一个月之内复购，10 元的券就可以抵扣。

如果产品的价格高一点儿，那么券值也可以设置高一点，因为对顾客来说一定要有一个力度，并且产品品质还不错，售后服务也还可以。认可了品牌，他们才会在规定的时间内去复购。

49. 开箱有礼

　　开箱有礼促销活动，是指公司以其他的优惠形式，让代理获取更大的利润空间。

　　开箱有礼，就是说只要拿整箱货，就获得代理资格。

　　同时，只要是整箱拿货，每箱里都会送大家一个礼物，这个礼物可能是红包券，可能是礼品，可能是抵用券……

　　之前讲到的第 48 个方案，相对来说偏终端零售多一点儿。

微商也好，传统市场也罢，我们都要形成层层动销，而不仅仅是终端动销。

我们花了很多时间去做终端，就是希望小代理能够更好地销售。

小代理完成了销售，实现了一个品牌的良好循环，就是我们小代理可以通过零售赚钱，中型代理和大型代理可以通过批发赚钱。

而公司的品牌呢，就可以在这样一个好的循环里面健康发展。所以，之前讲的动销方案针对零售偏多一点儿，那下面所讲的方案，针对中间销售会多一些。

开箱有礼，就是说拿整箱货的批发，整箱获得代理资格了。

方式就有很多。比如说现在是春节，我们在每一箱里面放一个定制的红包券。当然，这张券是有概率的，不用设置每箱都有，我们的代理商在哪儿，他们购回去的货一定会有卡券。这张券有什么用呢？他们可以要求在 3 个月或者 45 天以内补货，或者跟上级公司抵扣这个金额。

或者，我们不送券，而是送礼品。如春节、感恩节，送礼品是必备的，我们可以作为奖项。

我们以同样的方式，在箱子里面封红包卡券，卡是可以任意设置的，比如：恭喜你获得了公司赠送的一个新年大礼包。

我们也可以让代理复制这个方法去做。那么，我们就要讲清楚具体的操作方式，让代理动销完以后能够再顺利地补货。如此，代理能够得到公司的扶持，同时，代理的利润空间也增加了。

所以，我们动销是层层相通的，通过自己的促销方式给了优惠力度，然后就出了货。公司以其他的优惠形式，让代理获取了更大的利润空间。

　　其实，这个设置有很多，抵用券的形式只是其中一种。我们要求在规定的时间以内补货，代理做到了，就可以获取。品牌方肯定也希望代理卖得快一些，补货多一点儿。

　　另外，我们中奖是有概率的，到底谁能中奖呢，说不定抽了就能中呢，又新鲜又好玩，对代理来说他们也有参与感。

50. 累计升级

累计升级，能让微商的招商能力最大化，优化从底层到高层的综合竞争，拓展代理基础群。

通过累计销量升级代理级别的促销活动，让我们的代理人脉空间得到了最大程度的开发。

微商朋友圈其实是个相对封闭的环境，每个人都在依靠自己的人脉去销售产品，去寻求合作方，每一个人的招商能力都是有限的。

总体来说，我们的招商从最底层到最高层都会有。多数人都是从最底层级干起来的，因为微商绝大多数是宝妈、学生，他们没有任何创业经验。

其实很多人是有潜力的，而且有些人可能人际圈子不错，有些人可能本身学习能力很强，还有些人销售能力不错。

我们都知道微商中，小代理的基数很是庞大，而宝妈、学生可能原始资金就不够，创业资金不多，最多能拿个几百或者几千元的货去做，可能他们中间有一大批人是有钱的人，我们怎么去挖掘呢？

公司可以通过培训来培养，如果小代理出了货，我们就要给他升级做更好的动力。但是，因为没有资金，比如，让他（她）说拿500元做代理，他（她）把3盒货卖了，再让他（她）马上拿5000元。可对于很多宝妈和学生来说，这很困难，因为他（她）不仅没有信心，资金还可能不够。

这个时候，我们有以下两种处理方式：

第一种，我们可以让他（她）累计拿货满多少瓶，就可以做那个最小级别的代理，或者说顾问。当他（她）再补满多少瓶之后，公司给他（她）升级，这样他（她）利润空间也大了。

当他（她）曾经对自己不自信，但通过慢慢地培养这个过程，达到了公司的要求，而且还顺利地升了级，那他（她）的心情也会变好。

第二种，就是让我们品牌最小级推荐身边的人也同样做公司最小级别代理，可以按累计推满多少人以后公司给予升级。

微商朋友圈其实是个相对封闭的环境，每个人依靠自己的人脉去销售，去合作，招商都是有限的，那么，我们通过累计升级，也就是让我们代理人脉空间得到最大程度的开发。

采用这种方法的最终的目的，是建立微商群体职业化运营体系，让微商团队能规范运作、良性运转，以及进行产业化经营。

51. 零风险退货

零风险退货制度的建立，能给予代理、顾客信心，也能维护品牌形象，提升品牌在顾客心目中的信任度。

零风险退货，给顾客更大的信心。

作为品牌方，我们要有实力和担当，不仅要有魄力招商、招代理，更要有魄力给代理零风险退货的承诺，让各级代理都有冲击更高销售业绩的信心。

很多微商，哪怕经过一段时间的培养，还是有人对自己的能力不是很有把握，而且对品牌也没有把握，就会处于观望状态，因为现在市场竞争大了。

竞争大是一方面的原因，还有一方面是微商经过几年的发展。诸多人处于疲惫期。加上有些代理可能做其他品牌失败过，由于拿货没人培训，公司没有任何的促销扶持体系，上家也是一个不负责任的人，就会导致很多微商都是受过伤的，所以，现在不敢投资，不敢前进。

作为品牌方，我们就要有这个实力和担当，给代理做一个零风险的承诺。比如，你是代理商，你今天拿了 10 箱货，经过 3 个月的努力，剩下的 5 箱怎么也出不掉。

这时，公司可以做一个承诺，就是在 3 ～ 5 个月，如果有信心继续做，那就继续卖。如果经过你的努力，还是剩下 5 箱，确定没有信心卖了，公司就让你退款退货。

但是这个卖不完退掉的制度，对企业来说是有风险的，这个时候就要考验公司的品牌营销模式、代理帮扶体系、培训体系、售后服务等，这些将决定代理的出货能力、成长空间以及速度。

一个品牌，如果说能把这些做好，完全可以做零风险的承诺。我们要相信，多数代理在公司的帮扶体系里面是可以成长的，只要他们能够成长就可以出货。

当然，依然有代理商，他们可能本身时间不够，学习能力不行，还有的人思维固化，很难适应公司的学习环境，这样的人真的有可能出不了货，但这是少数，而不是多数。

这类人本身能力不足，时间不足，资金不足，然后又懒又不改变，他们卖不掉货，如果说我们不给他退货，他们会破坏整个群的学习氛围，那么，我们宁肯将这些货退掉。

公司有了这样一个零风险的承诺，也更好招商，以前不敢拿多货做代理，公司有这个承诺以后，就愿意往更高层级冲刺。

52. PK 奖励机制

PK 奖励机制，巧妙利用了人们的竞争心态，能够帮助代理加速出货。主要操作方式是以小组、个人形式进行出货量 PK，并辅以现金福利。

不管是针对零售还是招商，都可以使用 PK 奖励机制展开促销活动。

PK 奖励机制就是一个很好的促进代理进步的方法。避免了代理懒散，防止他们没有目标和发展方向。

过去的微商品牌和团队，他们只知道招代理出货，很少有人懂管理。现在的微商团队的代理，应该正规化。

代理中有很多宝妈兼职，她们的习惯比较散漫，缺乏动力。针对这样的情况，我们可以设置一些 PK 环节。

可以是进行零售能力的 PK，也可以进行招商能力的 PK。零售动销的 PK 就很简单，我们为代理分好小组，小组间进行 PK，每个组的组长作为团队老大。

分好小组以后，并且有了组长，就可以每天进行零售能力的 PK 了。比如说公司要求我们最近推什么产品，就 PK 什么产品，或者不用针对产品，直接从零售业绩 PK。

白天自己去出货，每天晚上八点钟或者九点钟，组长就带领队员把今天的销售业绩的截图统一发到群里，公司就派管理员、工作人员或者高层来统计，看哪个小组的出货能力最好。就这样连续 PK7 天或者 14 天后，就可以评选业绩前 3 名，再由公司进行奖励。

如果我们针对零售动态，那么我们奖励什么呢？我们可以给前 3 名的小组发产品的试用装，或者促销的小工具，或者公司的画册手提袋。就是说，我们零售环节的奖励，以能够促进终端动销的配送为主。

这样的 PK，避免了代理懒散，没有目标，没有方向；这样的 PK，会有很多优秀的小伙伴为了小组的荣耀，也为了自己的荣耀，每天努力地进行市场的动销和销售。

刚才分析的是针对零售的 PK 制度。我们也可以针对招商采用这样的方式。

同样的，也是分好小组，每个高层进行 PK。在高层群里以招商为主，每天晚上也同样 8 点去晒成绩，以收款截图、发货截图为证，来证明确确实实落实了这件事。

　　高层进行这样的 PK 活动，同样也是为了提高他们的积极性和动力。

53. 包销体系

　　与包销承诺不同，包销体系更为庞大，这是针对微商初接触群体的销售体系，上级代理承担一部分销售责任，解决小白的囤货压力。

**　　包销体系活动最适合的人群是微商新手。**

　　公司可以根据每个代理自身特点，给他们打造专属的沟通话术，帮助他们出货。

　　这个也是针对目前微商现状的一种方法。如前所述，过去的微商没有售后、没有培训、没有帮扶，导致很多人盲目囤货、盲目拿货，甚至有的连朋友圈怎么发、怎么使用沟通话术都是一头雾水，这样是很难出货的。

因此，品牌方应该建立一个包销体系。包销体系无法保证代理 100% 能把货卖完，但是通过这个体系完整地学习，并且执行力很强，就一定可以学会销售，学会做微商。

包销体系不等同于过去的微商生搬硬套。以前的微商培训都是很模板化，就是教人怎么发圈，怎么造势。每个品牌的课程都大同小异，现在的包销体系会根据自己产品的特色、品牌的综合优势以及公司实际情况有针对性地设计。

这个里面它不仅包含品牌，还有教学产品、教学模式的宣传、招商体制的意见以及更细致的环境。也就是作为一个转型微商，应该做什么以及怎么做。曾经有个微商，做了好几年，依然只会发圈，像这样的人，其实就是微商小白。

我们把两类人称为纯小白，一类是靠复制刷圈。还有一类是迷迷糊糊干了几年微商，依然不懂怎么销售和招商。所以，我们要重新建立一套完整的思维模型和整套的方法，教会他们应该怎么去思考，怎么去判断，怎么寻找目标和方向。

我们会根据每个代理自身的情况，打造属于他们的话术，帮助出货，这些都是包销体系。我们要根据品牌和团队来定制课程，代理应该正儿八经地学习销售，而不仅仅是生搬硬套。

因此，一个品牌和一个团队老大是包销体系课程的重点。也就是说，我们把货卖出去的那一刻，其实不是销售，而对微商来说，真正的销售是招商，招个代理以后，销售才真正地开始。

一个代理第一次拿货，赚个几百几千不是我们的目的，我们的目的是通过包销体系让他们学会出货，学会销售，并且通过公司的机制去升级，层层进步，逐渐成长。从一个小白微商到一个有能力的微商，到后面变成管理运营的团队老大，我们的品牌才可以良性地循环，我们的团队才可以健康地发展。

所以，包销体系就应该花心思根据自己的品牌和团队定制。

54. 包邮代发

包邮代发是促销手段之一，针对距离较远、贪小便宜的用户，能够有效节省物流成本。

公司包邮代发货的行为，好处多多。

不仅可以节约成本、节省时间、得到准备的数据，还可以有效解决代理产品积压及乱价行为。

包邮代发，微商一般都有。作为代理，我们会有几个层级，公司应该建立一个政策，针对代理商，出台一件包邮代发政策，这样做，有以下几个好处：

第一个好处，就是节省时间。产品在中途运转不管是 4 个层级，还是 7 个层级，货要从最高层转到中间层级，会浪费几天，或者半个月之久。

第二个好处，就是节约运费。产品在物流的运输当中，如果到达代理时间越短，品牌和团队就壮大得越快。运输的时间越短，越节约运费。

第三个好处，得到参考数据。如果从公司直接发出每一箱货，公司非常清楚。这样的话，我们的货终端都留在了哪座城市，这可以给公司做一个数据参考。

比如说，做品牌营销活动，或者做品牌广告，我们在什么地方去做，以及以后实体应该怎么去布局，都有一个数据的参考。

第四个好处，控制产品积压和乱价行为。公司整箱货代发不仅能控制产品流向，还能有效地控制低价。这在很大程度上，能够控制我们的产品积压和乱价行为。

当然，这个包代发就是产品整箱代发，也是我们必须做的。对于是否包邮，那要看公司的利润空间。如果有些产品很重，或者有特殊原因，我们可以包邮。

公司也可以给代理做运费补贴。比如我们品牌就是给代理做运费补贴，只需要给公司支付 20 元，全国各地都给发，也省得给代理补贴运费。

55. 新人礼包

新人礼包并不是简单的礼包或者物质价值，而是一个融入团队、了解团队的接口。

新人礼包，是一本完整的新人使用手册。公司可以配送一个试用装在里边。

这个新人礼包，可以让新代理在加入团队以后，快速入手，快速地进入角色。

新代理进门有礼的活动，可以让代理更快地融入品牌和团队，更强地感受到品牌方和公司的真诚度和专业度，增加新代理的信心。

一个新代理在加入一个品牌之后，要怎样以最快的速度去感受公司的品牌以及了解团队文化？我们可以做一个新代理礼包。

其实这样做，不仅是为了让代理更快地融入品牌、融入团队，还可以让他们更好地感受品牌方的真诚度、专业度。这也是一个很好的动销方式，假如公司能给新代理做一个考虑很周到的礼包，也利于我们招商和出货。

一个新代理若想在一个新品牌上快速起步，他们需要几样东西：

第一是画册，里面对品牌做了一个清楚的解释。通过这样一本画册，代理可以对自己选择的事业增加信心。

第二是了解了公司的实力和资源。

第三是知道创始人是谁。因为对微商来说，他们不仅是选品牌公司，同样也是选创始人。画册里面清楚地写到创始人是谁，他（她）有什么样的资源、什么样的背景、什么样的成绩。

第四是知道这到底是什么样的产品。它的成分、功效、卖点、优势等，顾客买了产品实现了什么效果，有没有证据可以证明那就是产品的买家秀，以及顾客使用反馈对比图。

第五是做了这个品牌以后，公司会给我什么，公司能给什么样的团队模式的优势，代理机制有什么样的优势，公司有什么样的扶持等。

做这样的一个新人礼包，就是一本完整的新人手册。公司配送一个试用装在里边。这样就可以让新代理在加入团队以后，快速入手，快速地进入角色。

56. 团队旅游

　　团队旅游是增强团队凝聚力的一个团队建设活动，体现了公司对代理的关怀和重视，让代理有了更强的归属感。

　　微商的旅游除了有奖励的作用，还可以凝聚人心。

　　团队旅游，不仅仅是代理拿到一定货、完成一定销售业绩时候的一个奖励，对我们代理和品牌来说，旅游也是团队凝聚力的一个建设。

　　通过团队旅游的几天接触，让代理或者团队成员之间更加熟悉，提高他们对品牌的认可度，增加了对后期销售和招商的信心。

微商多数都在线上成交，很多人可能我们没有见过，有的是在微信里认识的，有的是在淘宝里认识的，还有的是通过引流的百度认识的。

那么，公司给代理奖励这次旅游的时候，把大家从天南海北聚到一起，通过几天吃住一起，玩在一起，可以加深团队之间的凝聚力，让团队成员之间从生疏到熟悉更进一步。同时，旅游也体现了公司的关怀。

所以，我们品牌做旅游的时候，都会做高端定制，绝对不要选择廉价路线，选择廉价路线，虽然公司节约了成本，但是吃住不好，消费的地方还多。公司原意是通过业绩给代理奖励的，如果我们走了低端的套餐，反而挫伤了代理的积极性。

比如我们公司，一般都会制定中端或者高端的旅游给予代理奖励，不管是吃住行以及景点，都安排得很好，它不仅能体现公司实力，还体现了公司对代理的重视，而且让代理对公司有了更多的归属感。

我们的代理会想，公司给培训，给扶持，自己出货赚钱，完成了业绩目标以后，公司还奖励了一次非常棒的旅行。他们通过这次旅行，信心提高了，对公司认可度提高了，同时也提高了团队的融入感，他们以后出去招商会更有自信。

如果公司在同行里面，能够把对代理的重视和关怀，通过旅游展现出去，那么对公司的招商也是有帮助的。

57. 团队服装

送代理统一的团队服装，让代理有归属感。这是一种很好的促销手段，也能有效地培养微商团队文化。

统一团队服装，培养团队文化。

在定制团队服装时一定要注意：质量必须要好，尺码要合身；设计得要好看；服装上印制公司品牌、Logo 或者标语。这样才能起到营销效果。

比如，我们可以做短袖 T 恤的团队服装，从 6 月份到 10 月份整个夏天都可以穿，再做一款长袖的加绒卫衣，这样整个 11 月到来年 3 月份都可以穿。

我们可以在一个代理群里比要求的成绩。比如，我们拿 500 元，或者比拿公司总代理以上的代理，公司都会送两件衣服，衣服可以在做地推活动的时候用，或是参加公司活动的时候用。证明你是公司的一员、团队的一员，让代理有归属感。

　　这也是一个促进动销的方式，因为一个代理加入某个品牌，一定是在这个品牌里享有更多地存在感的。我们可以要求他们做到什么样的级别，公司就送一套夏装、一套春夏装和一套秋冬装。

　　代理为了拿到衣服，证明自己是公司里核心的一员，就会努力地从小代理做到中高层代理。

58. 代理专属定制

代理专属定制，会让代理团队更有凝聚力，而且会让代理投入情感的支持，公司可以通过这种方式，来体现情感归属。

代理专属定制，体现情感归属。

给代理的专属定制产品，可以方便代理们参加公司集体活动，彰显他们的特殊身份，让他们感受自己代理品牌的实力和用心程度。

专属定制的产品，最好和代理产品的主题和功效相配。

这样，代理会很愿意多拿货，或者多卖货以完成业绩，从而得到公司专属定制的奖励，因为奖励是属于代理自己的。

代理专属定制的范围很广，比如，我们跟品牌合作定制项链，因为和零售不一样，所以代理层级的一定要高端。

我们还可以添置金首饰、项链、饰品、旅行箱之类的东西，并且代理用得上的，方便代理出门参加公司旅游，或者参加公司活动、培训能够随身携带的。

通过拿货来完成专属定制，根据定制产品的价位，我们可以设置多少金额送什么。这也是公司自己动销的方式，同时，这些礼品的好处多，用途也广。

比如项链、耳环、手镯之类的，因为我们代理都是做化妆品的，一般都很爱自拍，她们带着我们品牌的项链自拍，对她们来说有归属感，而她们朋友圈晒了图，顾客看到后会觉得：你们品牌很专业、很强大，还给代理这么好的礼品。

同时，也会感受到代理非常认可这个品牌，这对代理出货有帮助，对后续招商更有帮助。比如旅行箱，代理以后出去玩提着公司定制的旅行箱，他们在朋友圈晒，既能宣传品牌，又能让朋友圈里的人，再一次感受到品牌的宣传。

而且不是硬推广，是软推广的方式。让她们的顾客和圈子感受到这个品牌的实力和用心程度。

比如，做养生产品的，可以定制泡脚桶，或是添置按摩椅。

代理拿多少货就送相应的东西，跟产品的主题和功效相配，代理会很愿意多拿货，或者多卖货以完成业绩，从而得到公司专属定制的奖励，因为奖励是属于代理自己的。

定制的产品对代理来说，不管是后续的晒圈、晒图还是去招商，都有很好的帮助和效果。

59.招商奖金

招商奖金，可以有效拓宽代理的终端渠道，提高产品的终端销售的利润率，让代理得到更高的提成。同时，对于代理个人来说，也相当于收获了更高层级的认可。

招商奖金促销方案，针对的是这个代理招到同级别和更高级别的代理。

公司根据代理招到的代理级别，给予相应的奖金。并且，招到的代理层级越高，奖金越高。

招商奖金的促销方式，拓宽了代理的思维。这个办法，不仅可以把货零售掉，同时保护了下级，还招到了比自己更有能力的人来做产品代理，赚取到招商奖金。

这就相当于公司要做动销、要招商，我们可以鼓励所有级别的代理，不仅可以自己卖产品零售动销，还可以通过招商来赚取更多的利润，公司可以提供招商奖金。

这个可以根据公司每个级别的门槛以及公司的利润空间来设置。根据代理招到的级别，公司给予相应的奖金，当然，最高层级的金额最大，并且奖金多。

招商奖金只针对代理招到同级和招到更高级别。因为招同级和招更高级别，是没有利润空间的，所以公司可以制定一个招商奖金。

通过招商奖金的方式拓宽代理的思维。不仅可以把货零售掉以及保护下级，还可以招到比自己更有能力的人来做公司代理，赚取公司的招商奖金。

微商朋友圈是一个闭环，每个人都要行动，将它开发成为生态，每个人可以充分开发朋友圈资源。招商奖金也是一样，公司的人脉是有限的，为了让代理帮公司完成招商，可以鼓励他们去招比自己更有能力的代理。

虽说没有卖货的利润和销售的利润，但他们可以获取公司的招商奖励。

60. 招代理有奖

招收代理有奖，主要涉及两个层面：一个是团队的层级结构构成；另一方是团队代理的直接收益。

有奖励才有动力。

代理帮公司，或者团队招来了与自己同级的代理，或者比自己级别高的上级代理，公司应该要给这个代理一定的销售返点奖金。

这个思路和招商奖金是一样的，如果他们自己是代理商，可能招到跟自己同级别的代理，或者通过公司的体系，以自己的售后和跟踪体系，帮助下级代理成长，那么下级代理就有可能跟自己同级别。

公司这个时候如果不给代理足够的利润空间，那代理后期可能没有兴趣做下去，因为自己努力用心地去培养、招商、开发，最后别人都会成长到与自己同级，而自己没有利润空间。

所以公司一定要去设置同级别代理的培育奖金，比如：我是 A 代理，B 代理是小白，我经过几个月、一年两年的培养，他现在跟我同级别。

虽说我培育了别人成长壮大，但重点也是别人的努力，如果公司能够在同级的时候，考虑到我的情况，再给我同级别的销售返点奖金，那我会很开心，也很愿意去帮公司把人全部培养上来。

61. 分流人脉

　　分流人脉，是将个人、公司人脉流量的综合运用，从而更好地优化信息传播渠道、填补传播信息的缝隙、创造新的营销思路、放大品牌传播效果。

　　分流人脉，资源综合。

　　公司可以通过百度引流、电视引流、广告引流和淘宝引流等各种方法，聚集一批流量，然后分配给各层代理。

　　分流人脉解决了代理没有人脉和新流量的痛点，给他们首批人脉资源，以便让他们安心销售，去开发更多的资源。

分流人脉这种促销做法，可以帮助代理拓展人脉，增加销售的资源，同时因为各级代理看到了公司的帮扶政策，增加了他们的信心，这对他们更好的销售和招代理是非常有帮助的。

每个微商自己朋友圈的人，少则几十，多则可能几千，微商多数人是从小白开始做起的。朋友圈很缺人脉，老代理也很缺人脉，朋友圈虽然有几千个人，但是多数都是死粉，不交流、不来往、不沟通，甚至被很多人屏蔽。

公司可以解决代理没有人脉和新流量的痛点，让代理可以安心地去销售，去开发更多的资源，公司可以通过百度引流、电视引流、广告引流或者淘宝引流。

公司引流的方法，肯定比代理专业或者说比代理更用心，公司可以帮助代理完成辅助动作，当然，代理商想要做大，更多的要靠自己去引流和销售，因为公司载人引流，但是要把这些流量分配到每个代理身上。从上往下分，每个人能够分到的都不多。

虽说是这种情况，但代理要成长，关键靠自己，公司是帮助帮扶的辅助工作。公司引的流量可以分给代理，相当于给代理分人脉、分客户，也等于分钱。

公司的做法，一是可以帮助代理拓展人脉，增加销售的资源；二是对招商来说，当客户看到公司做了这么多有利的帮扶体系和扶持，还能无私地给代理分人脉，这是非常有帮助的。

62. IP 打造

　　IP 打造就是塑造个人形象、品牌形象，通过向大众传播个人的具体事迹与积极信息，树立起正面权威的形象。

你的形象，价值百万。

　　我们可以从朋友圈形象、个人形象、朋友圈内容展现、形象海报定制、公众号推广等多个方面，给自己的代理、团队老大塑造一个全新的形象。

　　通过 IP 打造，使得他们找到品牌的归属感，给他们更大的发展舞台，让他们更具吸引力，能更好地培养团队，有利于自己后期不断招商。

　　当一个代理从小白进步到可以出货的中小型代理，再到后面做大代理。直到后面他自己培育了很多同级的大代理，团队的老大。

　　公司有更好的帮扶政策，可以帮助代理打造整个 IP，让团队老大有更好的形象资源，以及巩固老大在团队新代理心目中的地位。

　　比如，首先给代理做专属定制的形象和优势分析，给代理分析和寻找属于他自己特色的 IP，同时给他做一个全方案的个人品牌设计。

作为营销账号，微商的微信不能单纯地停留在一种社交工具的使用层面上，仅仅分享一些生活信息，而是要转变思维，把微信作为一个营销平台经营，用心地包装个人微信品牌形象。

比如，微信头像、昵称、签名、背景图以及微信位置定位都是不可忽视的广告位，每一个细节就如同微商的名片，代表着个人形象的传播符号。

一个高清的漂亮头像、一个真实便于记忆的微信昵称、一个内容富有正能量的微信签名、一张有视觉冲击力的背景图，都可以用来传达你的个人信息或是品牌信息，并给人以良好的视觉形象。

设置好以上信息只是第一步，除此之外还有更需要注意的地方。

微商切忌随意更换头像和微信名。每个微信用户的通讯录里都会有很多好友，甚至有的人微信好友已达到上限 5000 人，那么要在众多好友中让人记住而不被忽略，再到培养信任关系往往需要一个过程，这就要求微商不能频繁地改动个人符号，如更换头像，姓名，这将影响个人存在感、辨识度，甚至可能会造成客户流失。

想要增加微信的浏览量，内容很重要，微商要用鲜活的内容刺激消费者持续关注，培育你的忠诚客户、激起他们对你的产品或服务的兴趣。所以说，如果你是一个微商，在运营自己的微信号和公众号的话，我建议你一定要逼着自己培养每天产出内容的习惯。

通过这一系列的打造，可以让我们大团队的老大，在朋友圈、品牌内部、团队内部中塑造一个有威望的形象，更具吸引力，这样不仅能更好地培养团队，也有利于招商。

另外，这样也是帮助代理更好地寻找到品牌归属感，提供更好、更大的舞台和机会给代理。同时，公司也是在塑造一个榜样，让其他的中小型代理努力奋斗打拼，成为下一个可以做公司 IP 形象人物的一个级别。

63. 实体入驻

实体入驻，就是指实体店主和传统企业嫁接移动互联网，线上线下互相结合，更加偏向于人与人之间的连接，能增加客户的信任与体验。

善用资源，入驻实体。

这个促销方案适合两种代理操作。一种是自己有实体店的代理，另一种是自己的朋友有实体店的代理。

第一种，代理自己有店，代理本身可能是做母婴店，也可能是做饰品店或者超市。做了微商以后，将产品放到店里去卖，这种是很直接、简单的一种。

第二种，每个微商身边都会有熟悉的人脉资源是经营店铺的。不管是传统的零售店，还是服务性的店铺，包括一些酒店、会所。代理可以跟身边的资源、实体谈合作，将产品入驻。

比如，我们可以把产品铺设过去，采取店家每个月结一次账的方式。因为很多实体店本身不愿做微商产品，有些实体店觉得不熟悉产品，没有卖过，也不想花钱进货，所以我们可以跟实体店谈合作。

我们可以让代理把产品铺过去，先跟店家谈好方式，比如，可以店家交押金，卖了产品再结账，也可以用别的方式。

具体的方式要看产品的不同、产品投入以及铺设的数量，来分析代理自己有没有一个资金的压力。

说得具体点儿，可以细化一点儿，比如我们做化妆品的可以跟美容院谈合作，假如我们产品的定价是 100 元 1 盒，我们放 20 盒在美容院。

因为美容院没有花钱进货，我们也担心卖了产品不给我们结账。所以，我们可以跟代理说：先收美容院 2000 元的押金，实际上投入已经收回来了，另外的就是利润分成的问题，然后就可以跟美容院谈月结。

每个月卖多少货，结了多少账，押金直到美容院不想合作的时候退回去，这样代理就没有风险和压力。

第三种，公司做扶持，扶持力度不仅是帮助动销，而且是帮助实体业务的开展，公司要设计好柜台。比如，我们做化妆品的，因为化妆品品种不多，所以要开一个实体店，产品还不够丰富。

我们可以根据产品去做柜台。柜台可能只需要占用店家 1 立方米或者 2 立方米的空间。公司设计好柜台后，再去制作一批实品，而我们的代理商只需要跟公司进 10000 元的货，就可以得到一个免费柜台。

这样相当于我们代理去铺设实体，因为一个有能力的，并且能够跟实体谈合作的代理，他（她）的进货能力就绝对不是一万两万，可能是十万八万甚至几十万。

我们可以分给他们几十个展架和柜台，他们就能在自己的团队里开发资源。哪些代理身边是有实体资源可以合作的，我们就可以把柜台摆到别人店里，再进行产品的铺设。

或者说直接跟商家谈，让他们做我们产品的代理，公司配送一个货柜。

假设你是一个做母婴用品的微商，你在线上营销的同时也

可以去线下母婴用品店或是母婴娱乐场所进行洽谈铺货，整合线下资源。

这样可以获得更多的推广展示机会，扩大品牌知名度，吸引更多客户；可以了解并掌握用户数据属性，有助于运营新老顾客；同时也能够进行线下快速体验，更好地与用户沟通，实现精准营销。

64. 主题沙龙

　　主题沙龙是一种活跃客情度的重要手段，可以用作推介产品，介绍产品功能。并且，主题沙龙活动可以吸引一部分顾客加入代理团队。

主题沙龙，活跃客情度。

　　线下主题沙龙，一般以区域活动为主，以轻松快乐的交流为主题。大型沙龙，则着重突出专业元素。

　　高层代理可以邀请自己区域内的下属代理和客户，以及意向客户，定期参加自己主办的主题沙龙。

通过沙龙会，可以让我们的客户更好地使用、更好地理解我们的产品；本地代理可以在沙龙里见面，沟通、学习和成长，促进团队的凝聚力。

同时，在沙龙里通过分享和交流，可以加深意向客户对产品和团队的了解，促进他们成交。

因为每个代理商本地都有客户，不管是大型的客户，还是零售型的客户。

我们想让整个团队健康，想让产品更好地动销出去，不管是通过招商动销，还是零售动销，有能力的代理应该去帮扶自己的下属代理招商，也要帮助下属的客户能够转介绍顾客。

制定沙龙会的主题，做化妆品就可以以化妆为主题，比如，教你化一个日常妆容、过年约会妆。

如果以护肤为主，根据产品的特色，我们可以做专题的主题沙龙会。比如化妆品，如果我们产品主要针对修复，那就针对问题性肌肤的修复，做一个主题护肤的沙龙会。

如果我们不是做化妆品，而是做减肥产品，那就可以做一个以如何健康减肥、快速减肥为主题的沙龙会。

再如保健品，可以以养生为主题；卖母婴用品的可以以宝妈为主题，也就是说，我们要根据自己产品的特色和定位以及顾客的需求做主题沙龙会。

让本地的高层代理邀约当地下属的代理和客户，地点选择性很广。比如：咖啡厅、环境好的茶馆。

首先找好场地，每场根据人数不同花费也不高。像咖啡厅人均消费 30～50 元，我们组织一场 10 人左右的沙龙会，花费

500元左右。

通过沙龙会，能够教会邀约来的顾客懂得使用产品。他们越会使用产品，就越能用出产品的效果，一旦顾客能把产品的效果用到最好，同时又能更好地感受到品牌的服务，顾客后续的购买能力以及转介绍能力就很强。

通过沙龙会，有以下收获：

第一，让我们的客户更好地使用、更好地理解。

第二，可以帮助本地代理在沙龙会里面，促进团队的凝聚力，还能够帮助代理的见面、沟通、学习和成长。

第三，如果沙龙会有我们客户的意向，他们可能平时销售能力不是很强，可以让我们的代理把客户邀约过来。沙龙会通过分享、感受产品和大家交流，可以帮助代理促成成交。

这种是小型的沙龙会，我们也可以做大型沙龙会，人数可能有30人以上，场地和空间的要求会高一点儿。

小型沙龙会是以轻松快乐的交流为主，而大型沙龙会就要增加一些专业元素。

　　比如，我们要举行一个以美妆为主题的沙龙会，人数是30～50人，场地也会大一些，那就不能仅仅靠代理自己做分享和交流，而且需要安排专业的讲师来配合。

　　提到讲师，不用有太大压力，讲师是从内部代理中培养的。如果做美妆，那么可以在每个城市将一些代理挑选出来重点培养，培养成为讲师，无论是线上还是线下都可以讲。

　　如果全国每个城市都有我们的代理，那么沙龙会无论大小，他们都可以去协助。

65. 免费裂变会

　　裂变会，主要是针对代理、下属的免费培训，是一种企业福利和服务。在裂变会上，主要以各种基础操作、裂变讲解、裂变案例为主，保障每一位与会者都能得到明显的提高。

　　免费裂变会，是公司给各代理层级和他们的下属做的免费培训会。

　　公司聘请专业讲师团队来给代理做培训，让每个人都能出货运销。

免费裂变会，时间可以为两天一夜或者三天两夜，大概可以一个月或者一季度举行一次。

在举行裂变会之前，公司要做充分准备，选好讲师，做好流程设计和活动方案，保证每个参会人员都能受益。

裂变会，是微商最近一两年很普遍的一种会议，通过这个会议，代理可以邀约他们的下属代理和意向代理来公司参加免费的培训。

公司出面举行一个裂变会，一般是两天一夜或三天两夜。公司会有专业的讲师团队来培训，让参加裂变会的人在会议的几天，通过公司和讲师团队的整个流程设计、促销工具以及活动方案，实现在培训期间让每个人去出货动销，所以裂变会在2018年应该会成为每个品牌的必备。

代理商的转化率是微商招代理实现团队裂变的一个重要的指标。微商把转化做得越好，团队在短时间内招到的代理就越快。

通常一个微信号上它的好友最高限量是5000人，假设其中有500人转化为了你的客户，又从这500人中创造出了一个10个人的小团队。那么你现在就拥有一个10个人的微商团队，平均每一个代理可以辐射到500人，那就意味着你又拥有了5000个粉丝，

如果你的转化率只有1%，也就是说5000粉丝才成交50个代理。但如果你团队的转化率在5%，那么5000个粉丝中就可以成交出250个代理，也就是从10人的团队裂变成了拥有250人的微商团队。

这是一件很值得去思考和执行的事情，转化率的高低直接

影响到团队的裂变。

　　实际上，做微商就是在经营粉丝经济，粉丝的来源一种是别人主动加你的，另一种是你通过一些工具和策略把别人加进来的。

　　如果你提供给粉丝的都是有价值有营养的东西，你可以等别人来加你；但是不可能一开始所有人都认识了解你，所以这个时候我们就要自己主动出击，去加别人。我们把这两种加粉的方式合起来叫造粉。

　　造粉的一个基本方法就是配合到工具，然后重复辐射、曝光，在各种不同的群、分类信息网站、贴吧、微博以及其他的社交媒体上，吸引粉丝。只要我们把内容做精做细，有一定的影响力和诱惑力，然后在大容量的背景下重复曝光，就能够成功引流。

　　这与在公交车和地铁上投放广告的道理一样。广告在那里，有的人看了一瞬间就过了，有的人根本没有看到，也有人认真仔细地看了。

因为每天有足够的人流量，总会有感兴趣想要了解的人看到。造粉最关键的一点就是，不仅要吸引，还要在他面前重复曝光，这样才能让人印象深刻。

譬如我们大多数微商在做的群发，其实就是重复曝光的一个过程。根据标准操作流程，重复地执行。

造粉表面上看难度是最高的，因为它不是难在策略上，也不是难在技术上，而是难在需要不停地重复和坚持。三天打鱼两天晒网，那肯定是不行的。

66. 代理保险

代理保险，是终端渠道的保障措施，也是保障代理群体利益和长远发展的基石。代理是直面客户的终端一线，也是动销体系最基本的成员，由于组成结构的各异，在保证用户受益和回报的基准上，也要保障每一位代理的最低回报。

送保险，稳定人心。

微商行业的人员组成来源不一，最主要的部分就是宝妈、学生，这类人群欠缺收入来源，没有稳定工作，财务收入没有保障。但是，财务支出并不少。

出于对微商团队健康发展考虑，可以对部分代理发送保险，解决他们的后顾之忧。最重要的是，打造一种企业的归属感，能够凝聚团队的价值。

另外，代理保险也是一项扩展代理团队的重要吸引点。很多宝妈、学生对于参与代理存在疑惑和不理解，甚至对自己的能力不自信。那么，保险措施，就是安慰他们的最佳手段，确保在一定时期内，能够获得收入，保障他们的长期发展。

为了实现层层裂变，也为了让整个团队的代理健康地发展，我们可以给高层代理送保险，比如，加入我们品牌的总代，每个月达到一定的销售额，公司就会发送不同等级的保险。

由此，代理人在参与工作初期，就会有了初步的保障，不至于快速消耗掉热情。另外，也让代理们有了足够的激情，让他们愿意投入到工作中去，产生的效率也会更高。

如果，一个品牌想要长期发展，那么团队的稳定，是重中之重。想把事情做长久，我们就要把核心代理当公司的销售人员来对待，相当于公司的销售部门，虽然他们不在公司上班，但也是公司的员工。

正是因为他们在销售岗位，所以我们对他们的业绩一定是有要求的。完成多少业绩，公司就交多少保险，虽然是微商，但也是一份正式的工作和事业。

67. 工资改革

　　工资改革，是以不同形式提升层级代理的活跃度。并且，采用合理化的分级制度，在确保利润分成之外，代理保持积极的升级欲望。在进行分层级、升级的过程中，可以收获到显著的收入提升。

改革工资制度，行走康庄大道。

微商的每一层代理层级利益，可以理解为工资的多少。

工资包括基本工资、岗位工资、技能或能力工资、工龄工资、效益工资、业绩工资和奖金等几大块。

不同的代理层级，计算的利润方式存在差异。主要体现在工资结构的组成上，不同层级的代理，享受的分成标准不同。

进行工资改革，实际上是对代理层级的改革，让各层代理有奋斗目标，收获更高的利润回报。

工资制度是我们今年改革的模式，像保险一样针对品牌的高层代理。因为，我希望高层代理们有动力、有激情，同时，我也希望他们有更好的归属感。

根据这一目标，我们可以设立不同层级标准，每个月设立最低的工作要求，让他们觉得在我们的品牌里卖产品有利润、推荐同级有利润；同时他们培养更高层级也有利润，自己完成销售后还有工资可以拿。

另外，在针对高层部分，要将要求和标准定得更高。特别是高层考核标准要关注代理数量的扩增和市场的开拓，而非单一产量的增加。

所以，针对动销做中高层级，就是给中高层级更高的空间以及目标要求，并且要告诉代理完成这个目标以后能拥有什么。

以我们今年的层级制度为例，高层级每个月完成了两万的业绩，除了卖产品的两万利润，额外还会发工资，让他们把微商看成一份正式的职业，而不是兼职刷图卖产品。

最终，我们的目的是希望每一层级的代理，都能在一步步成长和升级过程中，有所收获。企业，也将在长久的考验中，将有目标、有希望的人群甄选出来，赋以更高级的地位和层级，收获更高的回报。

68.产品保险

产品保险，是增加客户信任度的重要手段。同时，也是化解客户疑难，降低售后压力的主要途径。采用产品保险的形式，可以强化消费者的客情度提升，弱化交易双方剑拔弩张的气氛，活跃交易的终端氛围。

产品投保险，使用更安心。

什么是好的产品？好的产品必然是安全的产品，有保障的产品。

产品保险，就是为了让顾客和自己的代理相信自己使用或者出售的产品是安全的。

为了达到这一目的，产品安全和质量险，是必然之路。明确地告诉消费者，产品是拥有安全保障的，不是三无产品，可以放心地使用。

上文第66节，曾介绍代理保险，是对人的保险，送代理保险，让代理安心。而这一节分析的是产品的保险，证明自己的产品是质量合格的产品。

比如，某保险公司，他们就针对产品的安全和质量做保险业务。思维延伸，我们做减肥食品，也可以去给产品投保，以保证产品的质量合格：但凡吃我们的产品或者用我们的产品，因产品质量问题带来人身伤害，可以向保险公司提出赔偿。

通过这一方式，让顾客信任我的产品。因为只有对产品质量有信心的公司，才会选择以保险的形式，去进行营销，是对产品的绝对信心。

由此，可以化解掉大部分消费者的疑虑。特别是对微商有偏见的消费者，片面、歧视微商产品，更需要有资质的保障，去证明产品的可靠性。

再配合合适的产品宣传（产品广告、厂家视频、产品检验报告、产品保险），无论是任何渠道的消费者，都可以产生足够的信任感，破解了动销最大的难关：信任。

我们打通了第一环，让顾客相信我们的产品是安全的，这对于我们销售来说是有帮助的。

第六章

新微商手册总结

章节导读：微商的沉淀期已过，现在已经悄然进入正轨，微商正在实现模式转变，高品质的微商掘金时代已悄然袭来！

微商的特征体现在它是信誉经营，它的存在可以促进社会诚信系统的维系，但由于现在微商没有第三方平台的监管，消费者的权益不能得到及时保障，这个问题就成为限制微商经济发展的一个重要因素。

我们从微商的发展趋势看一下它的发展方向和影响力：

早在 2015 年，微商生态系统就已见雏形，直到今天，微商呈现了社群型微商、爆款型微商、营销型微商、品牌型微商、团队型微商、产品型微商、途径型微商、粉丝型微商、动销型微商这九种类型微商，并且他们与消费者之间形成了完好的销售、交易、物流等中间环节。

微商的沉淀期已过，现在已经悄然进入正轨，纵观市场变换情况，每一个新潮行业发展都不会超过五年，但这不代表微商消亡，因为微商正在实现模式转变，高品质的微商掘金时代已悄然袭来！

微商营销从开始出现到现在成为流行趋势，虽然只有短短几年时间，却也经历了井喷期、低谷期、回暖期。一路走来，面对着很多质疑，比如技术不够先进、流程不够规范等问题。

目前微商主要集中在药妆、美妆、大健康、母婴用品、农特产品、服装服饰等领域，特点是小而美，容易发货。

相较于无法得到质量及安全保障的服装服饰、母婴用品，以及无法做到第三方保证、存在保鲜运输等问题的农特产品，美妆、药妆、大健康等产品，因其复购率高、容易勾起消费者购买欲等特点，最受微商欢迎。

以上，都是微商现存的一些主流特征，也是接下来一个阶段，微商经济发展的一个重要趋势。微商的优点也是大家认可的。

"中国互联网协会微商工作组发布的《2016中国微商行业发展研究报告》指出，2015年我国微商的市场规模达到1819.5亿元，微商从业人数达到1257万人。2016年，我国微商市场规模达到3607.3亿元，同比增长98.3%；微商从业人数达到1535万人，同比增长22.1%。微商已经成为移动电商的主要形态之一。"

在商务部研究院主办的微商政策研讨会上，有专家认为，微商既能促进商品流通，满足居民消费需求，推动大众创业、万众创新工作的开展，又是富民之道、公平之计、强国之策，对于推动经济结构调整、打造发展新引擎、增强发展新动力、提高创新驱动能力具有重要意义。

自2015年以来，跨境微商不断取代海外代购成为新热点，未来潜力巨大。与此同时，随着各大电商平台电商下乡计划的开展，农村将成为微商下一步发展的重要市场。

与电脑互联网在农村普及的难度相比，手机移动互联网在农村更具普遍性、广泛性，各种搭载移动互联网兴起的社交软件在农村地区十分流行。诚信微商联盟官网上有这样一句话：得农村者得微商未来天下。

由此可见，微商动销的前景是非常广阔的，希望通过本手册的讲解和指导，能让更多的人了解微商动销，熟练微商动销，使微商行业朝更好的方向发展。